Thomas Etzemüller, geb. 1966, Professor für Europäische Kulturgeschichte der Moderne an der Universität Oldenburg. 2021 erschien *Henning von Rittersdorf – Das deutsche Schicksal. Erinnerungen eines Rasseanthropologen. Eine Doku-Fiktion*; 2022 *Landschaft und Nation: Rhein – Darlarna – England*.
https://uol.de/thomas-etzemueller/

David Kuchenbuch, geb. 1980, Historiker, Wissenschaftlicher Mitarbeiter im DFG-Projekt »Das Wissenschaftskolleg zu Berlin« an der Universität Oldenburg. 2023 erschien *Globalismus. Geschichte und Gegenwart des globalen Bewusstseins*.
david.kuchenbuch@uni-oldenburg.de

Julika Griem, geb. 1963, Direktorin des KWI Essen, Professorin für Anglistik an der Universität Duisburg-Essen. 2024 erschien *»Die Poesie der Reformen«. Zur Karriere des Diversity Management an Hochschulen in Deutschland* (Hrsg. zus. m. David Kaldewey u. Il-Tschung Lim).
julika.griem@kwi-nrw.de

Trevor Jackson, Wirtschaftshistoriker an der University of California, Berkeley. 2023 erschien *Impunity and Capitalism. The Afterlives of European Financial Crises, 1690–1830*. – Der Beitrag erschien unter dem Titel *Never Too Much* in der *New York Review of Books* vom 16. Januar 2025.

Birger P. Priddat, geb. 1950, Professor emeritus für Ökonomie und Philosophie. 2023 erschien *Geben, Nehmen, Teilen: Gabenwirtschaft im Horizont der Digitalisierung* (Hrsg. zus. m. Michael Hutter).

Christoph Paret, geb. 1985, Wissenschaftlicher Mitarbeiter am Institut für Philosophie der Universität Wien. 2023 erschien *Wer hat Angst vorm alten weißen Mann? Maren Ades Rendezvous mit Alain Badiou*.
christoph.paret@univie.ac.at

Andreas Eckert, geb. 1964, Professor für die Geschichte Afrikas an der Humboldt-Universität zu Berlin. 2021 erschien *Geschichte der Sklaverei. Von der Antike bis ins 21. Jahrhundert*.
andreas.eckert@asa.hu-berlin.de

Michel Küppers, geb. 1995, Wissenschaftlicher Mitarbeiter am Institut für Historische Rechtsvergleichung und Doktorand an der Universität zu Köln.

Jens Kastner, geb. 1970, Soziologe. 2022 erschien *Dekolonialistische Theorie aus Lateinamerika. Einführung und Kritik*; 2024 *Klassifikation und Kampf. Zur Aktualität der Kultursoziologie Pierre Bourdieus*.
www.jenspetzkastner.de

Anke Stelling, geb. 1971, freie Schriftstellerin. 2018 erschien der Roman *Schäfchen im Trockenen*, 2020 die Erzählungen *Grundlagenforschung*.
www.ankestelling.de

ZU DIESEM HEFT

Bei kaum einer politischen Grundsatzfrage ist derzeit breiter gesellschaftlicher oder auch nur überparteilicher Konsens selbstverständlich. Das betrifft zwar keineswegs nur Deutschland, war aber hier zuletzt besonders gut zu beobachten. Die Endphase der Regierung Scholz war geprägt von der Betonung wechselseitig als unüberbrückbar empfundener Differenzen, und das potenzierte sich noch im öffentlichen Meinungskampf vor den Neuwahlen. Mit einer interessanten Ausnahme: Die Forderung nach massivem Bürokratieabbau traf von Anfang an und über alle Lager hinweg auf einmütige Zustimmung.

Eine naheliegende Erklärung wäre, dass es bei diesem Thema nun einmal nicht um politische Präferenzen geht, sondern um die politikneutrale Bewertung der allseits beklagten mangelnden Effizienz staatlicher Regelsetzung mit dem ebenfalls politikneutralen Ziel, diese im Bedarfsfall zu optimieren. Wie Michel Küppers in seinem Essay aufzeigt, handelt es sich dabei allerdings um eine Wunschvorstellung. Denn in Wahrheit ist bereits die Definition dessen, was überhaupt im schlechten Sinne als »bürokratisch« anzusehen ist, »zwangsläufig von politischen Wertungen bestimmt«.

Nicht zuletzt deshalb finden sich in der langen Geschichte des institutionalisierten Bürokratieabbaus zwar zahllose, von den unterschiedlichsten politischen Kräften getragene Appelle und Initiativen, zugleich aber nur sehr wenige überzeugende Beispiele für konkrete Verfahren, deren Ergebnisse parteiübergreifend auch tatsächlich als Erfolg bewertet worden wären. Die meisten galten ihren Kritikern bald schon als zu bürokratisch.

CD/EK

Thomas Etzemüller
Ungeliebte, kalte, heroische Moderne

Dezisionisten und Sozialingenieure

»Antihistorismus« statt Laissez-faire

»Ungeliebte Moderne« hat der Freiburger Soziologe Wolfgang Eßbach eine Vorlesung genannt, die er 2009 hielt.[1] Er musterte paarweise wichtige Diagnostiker der Moderne, nämlich Max Weber und Sigmund Freud, die sich an irrationalen Zügen einer »schwierigen Moderne« abarbeiteten, der der Glaube an den Fortschritt und den Siegeszug der Rationalität abhandengekommen sei; Ernst Bloch und Ernst Jünger, deren Denken nach dem Ersten Weltkrieg um das Problem einer zerfallenden Gesellschaft kreiste, der es ihrer Meinung nach an kultureller Integration gebrach, und um die Frage, wie man ihr wieder Form geben könne; Georg Lukács und Carl Schmitt, die diese Suchbewegung radikalisierten, was sie in die beiden Spielarten des Totalitarismus führte; während Wilhelm Reich und Arnold Gehlen Psyche beziehungsweise Technik als Grundlagen der menschlichen Existenz unter den Bedingungen der Moderne ausmachten. Sie alle, so Eßbach, durchforsteten die Ideengeschichte Europas auf der Suche nach Hilfestellung und Ansatzpunkten, um dem vermeintlichen Verfall der Ordnung etwas entgegenzusetzen.

Der Kulturwissenschaftler Helmut Lethen widmete sich in seinen *Verhaltenslehren der Kälte* einer »pessimistischen Anthropologie«, derzufolge »der Mensch ›von Natur aus‹ zur Destruktion neigt und die Zivilisation einen barbarischen Kern hat«.[2] Seine Protagonisten – überwiegend Schriftsteller wie Ernst Jünger und Bertolt Brecht, aber auch der Sozialphilosoph Helmuth Plessner – waren von der Moderne im frühen 20. Jahrhundert verunsichert, versuchten, sich gegen die Umwelt abzuschirmen und zu verpanzern, »mit einem klirrenden Schematismus« alle Uneindeutigkeiten in Klassifikationen zu pressen; sie lebten in ständigem Alarmismus und waren fasziniert von entscheidungsfreudigen Gestalten mit einfachen Konturen ohne komplizierte seelische Tiefe. Entscheidung wozu, das blieb offen, es zählte die *Geste der Tat*. »Kalte persona« und »Kreatur«, Erstere als gepanzerter Tat-Mensch, Letztere

---

1 Wolfgang Eßbach, *Ungeliebte Moderne. Theoretischer Radikalismus im 20. Jahrhundert (Theorie II)*. Unpublizierte Vorlesung (https://www.videoportal.uni-freiburg.de/album/view/aid/226).

2 Helmut Lethen, *Verhaltenslehren der Kälte. Lebensversuche zwischen den Kriegen*. Frankfurt: Suhrkamp 1994.

ein Spielball der Zeitläufte, das war der Gegensatz. Der erschreckenden Vieldeutigkeit der Moderne war nur durch Kälte beizukommen.

Nur wenige Jahre zuvor hatte der Historiker Heinz Dieter Kittsteiner eine Geschichte der Moderne in drei Stufen projektiert.[3] Für die dritte Stufe ab etwa 1880 prägte er den Begriff der »heroischen Moderne«. Kittsteiners Kollege Anselm Doering-Manteuffel bezeichnete den ideellen Kern dieser heroischen Moderne als antihistoristisches Denken.[4] Dieses Denken reagierte auf die Erfahrung, dass die Gesellschaften des späten 19. Jahrhunderts zu desintegrieren drohten. Die ersten protototalen und maschinisierten Kriege wurden erprobt, Wirtschaftskrisen waren durch die klassische liberale Doktrin des Laissez-faire nicht mehr zu erklären, durch Urbanisierung, Industrialisierung, Feminismus und Sozialismus schien die Sozialordnung zu zerfallen. Die gesellschaftliche Entwicklung folgte offensichtlich nicht mehr der Vernunft der Geschichte. Vielmehr musste der Mensch selbst handeln, um diese unbegreiflichen, überindividuellen Entwicklungen zu bändigen.

Kittsteiner konnte diese Geschichte vor seinem Tod 2008 nicht mehr ausführen. In seinem Nachlass an der Viadrina in Frankfurt an der Oder finden sich jedoch einige wenige Entwürfe, die erkennen lassen, welche Richtung seine Darstellung genommen hätte. Er wäre, wie Eßbach und Lethen, der ideengeschichtlichen Spur gefolgt und hätte Großdenker der Moderne wie Spengler, Jünger, Schmitt, Heidegger, Lukács, Freud oder Marx in den Blick genommen. Einige von ihnen sollten nach 1918 auf die dezisionistische »Tat« setzen, um die Verwerfungen möglichst energisch abzuräumen. Sie radikalisierten das Politische und bereiteten dem Nationalsozialismus den Boden. Kittsteiner hätte wohl eine sehr deutsche, präfaschistische Geschichte verfasst, die Radikalisierung von Nietzsches Denken durch eine »Parade der Übermenschen«.[5] Nur mit Simmel hätte er einen »der wenigen Versuche [...], sich in der ›Entfremdung‹ zurechtzufinden« zur Sprache gebracht.[6]

Es wäre letztlich keine Geschichte der Moderne geworden, sondern eine der *Modernewahrnehmung* deutscher Intellektueller, die auf die deutsche

3   Heinz Dieter Kittsteiner, *Die Stufen der Moderne*. In: Ders., *Wir werden gelebt. Formprobleme der Moderne*. Hamburg: Philo Fine Arts 2006.

4   Anselm Doering-Manteuffel, *Konturen von »Ordnung« in den Zeitschichten des 20. Jahrhunderts*. In: Thomas Etzemüller (Hrsg.), *Die Ordnung der Moderne. Social Engineering im 20. Jahrhundert*. Bielefeld: transcript 2009; ders., *Die deutsche Geschichte in den Zeitbögen des 20. Jahrhunderts*. In: *Vierteljahrshefte für Zeitgeschichte*, Nr. 62/3, Juli 2014.

5   Heinz Dieter Kittsteiner, Die Heroische Moderne. Universitätsarchiv Europa-Universität Viadrina Frankfurt (Oder), Nachlass Kittsteiner, Sign. 29.

6   Heinz Dieter Kittsteiner, Buchprojekt »Die Heroische Moderne«, Inhaltsverzeichnis und inhaltlicher Aufriss, Nachlass Kittsteiner, Sign. UK 160.

Situation reflektierten und erst nach 1945 die »›heroische‹ Betrachtungsweise
der Geschichte« verloren: »Was sich im ›Schicksalsrausch‹ 1933 amalgamiert
hatte: die heroische Attitüde aus dem Geist Nietzsches und die geschichts-
philosophische Legitimation, daß ihre Verwirklichung das Gebot der Stunde
sei, fällt nun wieder auseinander.« Sie hätten sich inmitten »der unheroisch
gewordenen Geschichte« eingegraben, »die es gelernt hat, von Endlösungen
aller Art Abstand zu nehmen, die darauf verzichtet, den dynamischen historischen Prozeß ›stillstellen‹ zu wollen, die aber [...] Ausschau hält, wie man ihn
vielleicht in jeweils erträgliche Richtungen steuern kann«.[7] Den vormaligen
Heroismus hatte Kittsteiner spöttisch auf die Formel »Rasse und Motoren«
gebracht, das sollte vermutlich die Verbindung von Übermensch-Denken
und Technikfaszination meinen. Wolfgang Eßbach hat die wunderbare
Formulierung gefunden, der Dezisionismus habe es sich einfach gemacht:
»Gedacht, entschieden, gemacht.« Es waren die Vertreter der Tabula rasa,
des Wegholzens und Abräumens der alten Gesellschaft, um für die neue Zeit
einen »Neuen Menschen« zu schaffen. Diese Heroen wollten sich von der Geschichte nicht in die Ecke treiben lassen, sondern sich mit einem Schwerthieb
aus ihr befreien. Es war ein Heroismus der Abrissbirne, der, wenn wir Ernst
Jünger Glauben schenken, in den Feuerwalzen des Stellungskrieges geboren
worden war. Aber hat dieser Heroismus die Geschichte der Moderne wirklich derart entscheidend geprägt? Musste die Angst vor der Desintegration
notwendig in die große Disruption des »Dritten Reichs« münden? Oder
deuteten Eßbach, Lethen und Kittsteiner die Moderne mithilfe eines viel zu
engen Personaltableaus, missdeuteten sie sie?

Projekt »Balance«

Das große Thema der Moderne war die Suche nach Ordnung, Stabilität und
sozialer Harmonie. In der Vormoderne konnte man auf Gott vertrauen, der
es richten würde, wenn das Equilibrium bedroht war. Mit der Industrialisierung schienen jedoch Kräfte an Bedeutung gewonnen zu haben, die die
Ordnung nachhaltig zu zerstören drohten. Deshalb blühten seit dem 19. Jahrhundert Ordnungsvorstellungen unterschiedlichster Art. Einige setzten sich
nicht durch, andere waren ihrer Zeit voraus, hatten gerade keine oder aber
nur zeitweise Konjunktur: Ständestaatsideen, Pluralismus, organizistische
Modelle, Faschismus, Laissez-faire, unterschiedlich rigide autoritäre Regime

---

7 Heinz Dieter Kittsteiner, Stufen der Moderne. Entheroisierung der Geschichte. Nachlass Kittsteiner, Sign. 106.

sowie Spielarten der Demokratie – Korporatismus in der Schweiz und Schweden, die »Versäulung« in den Niederlanden, Föderalismus in Deutschland und Belgien, agonale Praktiken in Großbritannien und Frankreich, sehr verknappt gesagt. Das Europa zwischen Jahrhundertwende und Kriegsende war ein Versuchsfeld für Ansätze, vermeintlich defekte Gesellschaftsordnungen zu reparieren. Anhänger des Ständedenkens versuchten, Dynamik in fixe Strukturen zu binden, Pluralismustheoretiker wollten sie von der Leine lassen, auf dass sie sich im freien Spiel der Kräfte selbst reguliere.

Eine Leitdifferenz spielte über all diese Lager hinweg eine wichtige Rolle, nämlich die zwischen organischer »Gemeinschaft« und atomisierender »Gesellschaft«, die der Soziologe Ferdinand Tönnies 1887 in einer Studie pointiert hat.[8] Dieses Buch wurde zwar erst in den 1920er Jahren wirklich rezipiert und dann sehr einflussreich, aber seine Unterscheidung finden wir in zahllosen Texten europäischer und amerikanischer Autoren, selbst wenn sie andere Begriffe gebrauchen und ein Verweis auf Tönnies fehlt. Besonders prominent war sie bei denjenigen, die organischen Gesellschaftsvorstellungen anhingen, und das waren die meisten Antihistoristen und Dezisionisten. Sie behaupteten, intakte Sozialordnungen seien eigentlich »organisch« verfasst. In ganz Europa haben Soziologen und Biologen wie Herbert Spencer, Jakob von Uexküll, Albert Schäffle oder Claudius Wilkens »bewiesen«, dass biologische und soziale Entitäten einander strukturell entsprachen. Wie aus einer einzelnen Zelle der Mensch als komplexes Gebilde entstehe, so ein Volk aus der Familie. Dem körperlichen Bindegewebe entsprächen im Sozialen Verwandtschaftsverhältnisse, Nationalität oder Glaubensgemeinschaften, dem Knochengewebe das Wohnungs- oder Bauwesen, dem Hautgewebe das Gesundheitswesen, dem Muskelgewebe die technischen Einrichtungen.[9] Diese »Socialhistologie« (Schäffle) wurde durch krude Analogien belegt: »Blood vessels acquire distinct walls; roads are fenced and gravelled«; Eisenbahnen bilden »a system of double channels conveying currents in opposite directions, as do the arteries and veins of a well-developed animal«, schrieb der

---

8 Ferdinand Tönnies, *Gemeinschaft und Gesellschaft. Abhandlung des Communismus und Socialismus als empirischer Culturformen.* Leipzig: Fues 1887.
9 Vgl. Herbert Spencer, *The Social Organism.* In: *Westminster Review*, Nr. 17/1, Januar 1860; Jakob von Uexküll, *Der Organismus als Staat und der Staat als Organismus.* In: *Der Leuchter*, Nr. 1, 1919; Albert E. Schäffle, *Bau und Leben des socialen Körpers. Encyclopädischer Entwurf einer realen Anatomie, Physiologie und Psychologie der menschlichen Gesellschaft mit besonderer Rücksicht auf die Volkswirtschaft als socialen Stoffwechsel.* 4 Bde. Tübingen: Laupp 1875; Claudius Wilkens, *Samfundslegemets grundlove. Et grundrids af sociologien.* Kopenhagen 1881.

Philosoph Herbert Spencer 1860. So fremd uns das klingt, das Denken prägte noch den Bau der überaus geschickt geplanten Bielefelder Großwohnsiedlung Sennestadt Ende der 1950er Jahre.

Diese Weltsicht ermöglichte die Biologisierung des Sozialen. Denn zum einen meinten deren Vertreter zu beweisen, dass »Gemeinschaft« der Natur entsprach, während sie Gesellschaft als »künstlich« denunzieren konnten. Zum zweiten postulierten sie, die Marx'schen Thesen von einer ungerechten Sozialordnung der Gesellschaft, die dem Kapitalismus geschuldet sei und deshalb eine Revolution bedingen würde, seien »widernatürlich«. Die unbestreitbaren Probleme verdankten sich aus ihrer Sicht vielmehr einer demografisch-biologischen Degeneration der Bevölkerung. Biologisch *und* sozial »minderwertige« Schichten zögen in die Städte, verelendeten und pflanzten sich überproportional fort. Dadurch werde ihr defektes Erbgut exponentiell vermehrt, während die »wertvollen« bürgerlichen Schichten dank Kindermangels allmählich ausstürben. Hier sei »Tat« gefragt, um der Destruktion Einhalt zu gebieten. Eigentlich halte die Natur sich selbst in Balance; allein menschliche Unvernunft setze diese Prozesse außer Kraft. Deshalb müsse der »Volkskörper« durch Sterilisierungen und andere biologische Eingriffe renoviert werden, nur dann werde er gesunden und die Nation stärken. Die sozialen Verwerfungen wären eliminiert, dem Marxismus Paroli geboten. Solche Vorstellungen mündeten im Vernichtungsprogramm des »Dritten Reichs«, aber auch in der skandinavischen Sterilisierungspolitik, die erst in den 1970er Jahren aufgegeben werden sollte.[10]

Das ist die Folie, vor der Eßbach, Lethen und Kittsteiner die Moderne deuteten: als Versuch, Equilibrium und soziale Stabilität herzustellen, indem man eine biologisierte Weltdeutung radikalisierte und durch Exklusion und Disruption Ordnung gegen systemische Desintegration erzwingen wollte. Und in der Tat war dieses Denken auch bei sozialdemokratischen und sozialistischen Akteuren in ganz Europa virulent. Eines unterschied dieses Personal allerdings von den Radikalen in Deutschland vor 1945: Wie radikal *dachten* sie und wie radikal wollten sie *handeln*? Und was genau verstanden Sie überhaupt unter »radikal«?

Heroen der Moderne

Ich finde den Begriff der »heroischen Moderne« reizvoll und möchte ihn Heinz Dieter Kittsteiner entlehnen. Er trifft, was Ulrich Herbert die

---

10 Thomas Etzemüller, *Auf der Suche nach dem Nordischen Menschen. Die deutsche Rassenanthropologie in der modernen Welt.* Bielefeld: transcript 2015.

»Hochmoderne« und Detlev Peukert die »klassische Moderne« genannt haben,[11] aber Kittsteiner hätte vermutlich dem nicht hinreichend Rechnung getragen, was Zygmunt Bauman als Ambivalenz der Moderne ausgemacht hat, dass nämlich die technische Rationalität der industriellen Moderne immer zwei Möglichkeiten zuließ: den Fortschritt *und* den Holocaust.[12] Die heroische Moderne Kittsteiners, Lethens oder Eßbachs dagegen ist zu eindeutig. Sie kreist um die Entgrenzung des gesellschaftspolitischen Denkens, das im Nationalsozialismus seinen Höhepunkt fand und noch heute Fluchtpunkt einiger Gesamtdarstellungen der europäischen Geschichte im 20. Jahrhundert ist.[13] Hilft es da wirklich, Kittsteiners Begriff zu nutzen?

Der Begriff des Heroischen trifft auf eine ganze Reihe anderer Protagonisten zu, nämlich Experten, die beanspruchten, Verwerfungen moderner Industriegesellschaften präzise diagnostizieren und rational lösen zu können. Sie gingen – ihrem Selbstverständnis nach – strikt empirisch und ideologiefrei vor; ihre Haltung war konstruktiv. Ihr Credo lautete: »Make things happen by design and not by chance.«[14] Ihr Framing der Moderne war ein Denken in »Problem« und »Lösung«. Weil sie auf Empirie setzten, waren sie davon überzeugt, dass sie, anders als Politiker oder Ideologen, nüchterne Urteile fällten, statt Einzelinteressen zu bedienen. Mit dem Gestus, ständig Annahmen und Entwürfe zu revidieren, die sich als nicht mehr adäquat erwiesen, inszenierten sie sich als über den politisch-gesellschaftlichen Auseinandersetzungen stehend. Heroisch war, dass sie Stück für Stück die Mühen eines permanenten Justierens auf sich nahmen, ohne je zu endgültigen Lösungen zu gelangen, sondern nur zu immer weiteren Adaptionen. Karl Popper nannte dieses Vorgehen »piecemeal social engineering«.[15] Die große Geste, die Tabula rasa, war diesen Experten durchaus nicht fremd. Viel beeindruckender war ihr Wille, die Gegenwart auszuhalten, statt vor ihrer Unübersichtlichkeit zu

11 Ulrich Herbert, *Europe in High Modernity. Reflections on a Theory of the 20th Century*. In: *Journal of Modern European History*, Nr. 5/1, 2007; Detlev J. K. Peukert, *Das Janusgesicht der Moderne*. In: Deutsches Institut für Fernstudien an der Universität Tübingen (Hrsg.), *Funkkolleg Jahrhundertwende. Die Entstehung der modernen Gesellschaft 1880–1930*. Studienbegleitbrief 0. Weinheim: Beltz 1988.

12 Zygmunt Bauman, *Moderne und Ambivalenz. Das Ende der Eindeutigkeit* [1991]. Aus dem Englischen von Martin Suhr. Hamburger Edition 2005; ders.: *Dialektik der Ordnung. Die Moderne und der Holocaust* [1989]. Aus dem Englischen von Uwe Ahrens. Hamburg: EVA 2002.

13 Vgl. Thomas Etzemüller, *Demokratie in der Zwischenkriegszeit – die Mär eines europäischen Scheiterns. Eine irritierte Intervention*. In: *Merkur*, Nr. 897, Februar 2024.

14 So heißt es in dem Dokumentarfilm *Faces of Harlow*, Großbritannien 1964 (00:01:28).

15 Karl R. Popper, *The Open Society and its Enemies*. Bd. 1 [1945]. London: Routledge 1991.

fliehen. Ich nenne diesen Typus im Anschluss an Popper und die schwedische Historikerin Yvonne Hirdman »Sozialingenieure«.[16] Mit den Dezisionisten teilten sie die Diagnose, dass die moderne Gesellschaft eine gigantische Maschine sei, die die Menschen zu verschlingen drohe: Die einen wollten sie mit einem Hieb stillstellen, die anderen durch Justierungen bändigen. Sie hatten die Gesinnung gemeinsam, doch die künftigen Gesellschaften, die sie imaginierten, waren grundverschieden, ebenso die Mittel, sie zu schaffen.[17]

Sozialingenieure: Radikal moderat, enthusiastisch nüchtern

Sozialingenieure waren Architekten, Stadtplaner, Ärzte, Sozialpolitiker, Publizisten, Haushaltsexperten, Soziologen, also im weiteren Sinne Techniker, die eine solide Expertise in ihrem jeweiligen Feld besaßen. Nur wenige, exemplarische Namen: Lewis Mumford, Alva und Gunnar Myrdal, Sigfried Giedion, Hans Bernhard Reichow, Margarete Schütte-Lihotzky, Hans Freyer, Le Corbusier ... Einige dieser Protagonisten dienten sozialdemokratischen Wohlfahrtsstaaten, andere wechselten mühelos in den Faschismus hinein und dann wieder heraus. Die einen wollten die Gesellschaft behutsam remodellieren, die anderen ihre Erneuerung disruptiv erzwingen. Auf den ersten Blick ist das eine heterogene Ansammlung in zahlreichen Ländern tätiger Akteure. Was sie als Gruppe aber einte, waren Haltung und Praxis.

Sie folgten der Leitdifferenz Gemeinschaft/Gesellschaft, außerdem einem Dreischritt, bei dem Vergangenheit und Zukunft über die Gegenwart hinweg miteinander korrespondierten: Eine integrierte, harmonische Sozialordnung der Vormoderne war im 19. Jahrhundert zersetzt worden und würde nun für die Zukunft restauriert werden – aber nicht als nostalgische Rückwendung in eine »goldene Vergangenheit«, sondern als dezidiert modernes Habitat mithilfe des technischen Instrumentariums der industriellen Moderne. Der Dokumentarfilm *The City* (USA 1939) führt das exemplarisch vor Augen.[18] Er beginnt mit der dörflichen Gemeinschaft Neuenglands, in der die Menschen ein entspanntes, harmonisches, basisdemokratisches Leben führen, geht über zu den Slums und vermassten, gehetzten Großstädten und nähert sich dann aus der Vogelperspektive der Gartenstadt Greenbelt, in der eine überschaubare

---

16 Yvonne Hirdman, *Att lägga livet till rätta – studier i svensk folkhemspolitik* [1989]. Stockholm: Carlsson 2000. Dieses verdienstvolle Buch wurde nur teilweise ins Englische übersetzt (Yvonne Hirdman/Michel Vale, *Utopia in the Home*. In: *International Journal of Political Economy*, Nr. 22/1, Sommer 1992).

17 Dazu detailliert Thomas Etzemüller, *»Heroische Moderne«. Ambivalenz einer Epoche*. Bielefeld: transcript 2025 (i. E.).

18 https://archive.org/details/CityTheP1939

Zahl von Menschen wieder ruhig im Einklang mit der Natur lebt – freilich mit allen Errungenschaften der technischen Moderne.

Das hieß übrigens nicht, dass Sozialingenieure Dynamik oder Mobilität ablehnten. Sie sahen sie zwar durchaus als Bedrohung sozialer Balance, wollten sie aber weder ständestaatlich fixieren noch pluralistisch entfesseln. Vielmehr versuchten sie, die Grenze zwischen schädlicher und akzeptabler Dynamik zu kontrollieren. Ihre Interventionen zielten darauf, die Menschen anzuleiten, sich selbst zu erziehen, Gemeinschaft herzustellen. Gegen den angeblich exzessiven Individualismus des »liberalistischen« 19. Jahrhunderts führten sie die »Persönlichkeit« ins Feld. Das war ein Mensch, der er sich selbst treu blieb, sich aber in die Gemeinschaft einzuordnen vermochte. Walther Rathenau hat dessen Charakter 1918 so auf den Punkt gebracht: »Wir müssen nicht von uns die Einförmigkeit des Amerikaners verlangen, der sein Fahrrad grün verlangt, wenn alle Trustfahrräder grün sind, aber wir sollten nicht darauf bestehen, daß eine Tinte braun sein muß, weil alle anderen Tinten blau, schwarz oder rot sind.«[19] Die »Persönlichkeit« sollte zwischen den Extremen »Individualismus« und »Masse« vermitteln.

Sozialingenieure dachten eher kühl, nicht kalt, und waren zugleich enthusiastisch und offen für ihre Klienten, nicht gepanzert, sie waren heroisch, weil sie Fehlschläge mit adjustiertem, optimiertem *social engineering* zu beantworten versuchten. Colin Ross, ein Apologet des veralltäglichten Taylorismus formulierte es 1925 so: »Der Gedanke der Vollkommenheit ist an und für sich nicht in dem Begriff der Normalisierung enthalten.«[20] In Varianten denken und Revisionen einplanen, das war das Gegenteil totalitärer oder ideologisch grundierter Planungen. In einem Dokumentarfilm über die Sennestadt hieß es 1957 etwas pathetisch: »Die Häuser, die wir bauen, sind nur das Gehäuse, das der Mensch mit Leben füllen muss. Wenn dieses Leben beginnt, sich organisch zu entwickeln, dann lässt es sich nur noch schwer in den Grenzen des Planes halten. Diese Umwandlung vom Plan zur Tat ist immer Wagnis und Erlebnis zugleich [...] Manches wandelt sich, passt sich neuen Erkenntnissen, neuen Bedürfnissen an.«[21] Die Planungen der Sozialingenieure waren durchaus radikal, das Ergebnis aber sollte dezidiert maßvoll ausfallen. In dieser Haltung berichteten sie der Gesellschaft mit aufklärerischem Kampfgeist,

---

19 Walther Rathenau, *Die neue Wirtschaft*. Berlin. S. Fischer 1918.

20 Zit. n. Bernd Stiegler, *Nachwort. Normalisierung als Lebenskunst*. In: Frank Bunker Gilbreth / Lillian Moller Gilbreth, *Die Magie des Bewegungsstudiums. Photographie und Film im Dienst der Psychotechnik und der Wissenschaftlichen Betriebsführung*. Hrsg. v. Bernd Stiegler. München: Fink 2012.

21 *Die Stadt ohne Vorbild* (BRD 1957).

was sie besser tun und lassen sollte, wie ihre Lage sei und wie mögliche Wege in die Zukunft aussehen könnten.

Die Ambivalenz der Philanthropen

Natürlich ist es eine etwas romantisierende Folgerung, die abwägenden, moderaten und trotzdem tatkräftigen Experten stark zu machen, die sich von den sich auftürmenden Komplikationen des Jetzt nicht entmutigen lassen. Denn ist es angesichts des weiteren Verlaufs der Geschichte zulässig, nüchterne Fachleute zu idealisieren? Die Gewalt im 20. Jahrhundert lässt sich nicht relativieren, zumal deren totale Entgrenzung im Nationalsozialismus nicht. An all dem haben Sozialingenieure mitgewirkt.

Mittlerweile hat sich die Erkenntnis durchgesetzt, dass selbst Demokratien gewalttätige, exkludierende Züge aufweisen. Dänische Ärzte haben zwischen 1966 und 1970 mindestens 4500 jungen Inuit-Mädchen auf Grönland die Spirale eingesetzt, unter latentem Zwang und ohne sie zu informieren. Ihnen war selbst eine Geburtenrate von unter 800 Kindern pro Jahr unheimlich.[22] Das geschah in einer demokratischen, liberalen Gesellschaft der progressiven sechziger Jahre, und gerade Ärzte zählten sich seit jeher zu den aufgeklärten Sozialreformern. Sie waren es aber auch gewesen, die seit den 1920er Jahren in den USA und Teilen Europas gefordert hatten, (Zwangs)Sterilisierungen gesetzlich zu verankern, um »unerwünschten« Nachwuchs zu verhindern. Auch die vorbildhaften, modernen skandinavischen Sozialstaaten übten im 20. Jahrhundert Gewalt gegen Minderheiten aus, seien es Sami, »Asoziale«, Mütter unehelicher Kinder oder »Geistesschwache«, alle, die aus ihrer Sicht die Homogenität des Nationalvolks infrage stellten oder gar vermeintlich zu zersetzen drohten. Ähnliches gilt für die Niederlande oder die Schweiz, von der kolonialen Praxis Frankreichs, Belgiens, Großbritanniens (und Deutschlands) ganz zu schweigen.

Einerseits wollten diese objektivierenden, philanthropischen Experten das Leben der Menschen verbessern, indem sie neue Wohnungen und Städte planten, die Gesundheitsvorsorge verbesserten, ästhetische Alltagsgegenstände entwarfen oder die Kindererziehung reformierten. Andererseits definierten sie Menschengruppen, die von der Wohlfahrt auszuschließen oder gar Zwangsmaßnahmen zu unterwerfen seien, weil sie vermeintlich die Gemeinschaft bedrohten. Die Grundannahme war, dass der Staat im Dienst der Gemeinschaft über das Leben oder zumindest die Lebensführung von Individuen verfügen dürfe. Im radikalen Fall wurden bestimmte Personengruppen

---

22 Alex Rühle, *Wir waren noch Kinder*. In: *SZ* vom 29. Oktober 2024.

auf ihr »nacktes Leben« reduziert, der Normalität der Gesellschaft entzogen und der Willkür ausgeliefert.[23] Die moderate Welt der Sozialingenieure dagegen bestimmte ein »weicher Imperativ«. Keine Vernichtung, keine Disziplinierung, Zwang nur als Ultima Ratio, stattdessen *social engineering* als durch Experten angeleitete Selbstkonditionierung der Menschen.[24] Die Notwendigkeit sozialer Harmonie legitimierte im Zweifelsfall die Übermächtigung des Einzelnen.

Zygmunt Bauman hat zu Recht darauf bestanden, dass der Holocaust nicht aus der großen Fortschrittserzählung der Moderne ausgeklammert werden dürfe. Das mache die Ambivalenz der Moderne aus. Yvonne Hirdman hat hervorgehoben, dass diejenigen, die auf der »guten« Seite der Moderne standen, dennoch umstandslos Sozialstaat und Zwangssterilisierungen verbinden konnten; darin erkannte sie die Ambivalenz moderner Sozialstaatlichkeit. In der großangelegten Suche nach Balance, Integration und Harmonie bildeten Inklusion und Exklusion also zwei Seiten einer Medaille – den Unterschied machte allerdings, auf welche Seite der Schwerpunkt gelegt wurde. Eßbach, Kittsteiner und Lethen vernachlässigten aufgrund ihres beschränkten Personaltableaus die konstruktive, progressive Seite der Moderne.

Tatsächlich stellten Dezisionisten und Sozialingenieure der Moderne dieselbe kritische Diagnose. Doch wenn Kittsteiner in *Stufen der Moderne* eine Briefmarke zu Hitlers achtundfünfzigstem Geburtstag zitiert: »Wer ein Volk retten will, kann nur heroisch denken«, verengt er den Begriff des Heroischen. Seine Dezisionisten waren auf den Kampf, auf Männer und das Volk fixiert; das Volk härten hieß: Menschen ausschließen. Die Sozialingenieure hingegen hatten eine möglichst homogene Mehrheitsbevölkerung im Blick, für die sie Kindergärten, Schulen und Krankenhäuser bauten. Ihr *Piecemeal*-Handeln hieß: einschließen, wer sich willig und fähig zeigte.

Das Loblied auf überparteiliche, objektive Fachleute ist schon oft gesungen worden. Die Sehnsucht nach dem »Kabinett der Experten« oder der politischen Herrschaft der Ingenieure bleibt virulent. Gerade heute sollte man sich diese Nüchternheit wünschen und erkennen, dass ihre Verhaltenslehre in der heroischen Moderne entworfen worden ist, und zwar von Protagonisten, die sich als Problemlöser verstanden. Auch sie nutzten den Nationalsozialismus, wenn es ihrer Sache diente, oder die Demokratie, und sie schlossen wie

---

23 Giorgio Agamben, *Homo sacer. Die souveräne Macht und das nackte Leben*. Frankfurt: Suhrkamp 2002.

24 Thomas Etzemüller, *Social engineering*. In: *Docupedia-Zeitgeschichte* vom 4. Oktober 2017 (docupedia.de/zg/Etzemueller_social_engineering_v2_de_2017).

selbstverständlich missliebige soziale Gruppen aus. Doch *alle* reklamierten Vernunft, instrumentelle Rationalität und das Ziel einer integrierten Sozialordnung für sich. Heroisch war, dass sie sich der Gegenwart stellten. Ich will diese Fachleute nicht idealisieren. Sie waren weltanschaulich imprägniert und sie übten Macht aus, wenn sie intervenierten – aus einer kaum reflektierten, aber vermeintlich empirisch abgesicherten Gewissheit heraus, zu wissen, was gut sei für die Menschen.[25] Sie erzeugten eine Evidenz der objektiven Tatsachen oder des objektiv Naturgegebenen und erschwerten dadurch Kritik. Dennoch taugen *sie* als Vorbild, *ihrer* sollte man sich erinnern, wenn man wissen will, wie man mit den Verwerfungen der Gegenwart umgehen könnte, die uns über den Kopf zu wachsen drohen. Diese Vernunft ist ambivalent, das müssen wir aushalten. Der Heroismus der Anderen führt in die Zerstörung.

---

25 Vgl. Thomas Etzemüller, *Die Romantik der Rationalität. Alva & Gunnar Myrdal – Social Engineering in Schweden*. Bielefeld: transcript 2010.

David Kuchenbuch
Kulturkampf, Kanon, Karikaturenstreit

Zum Aufstieg der Rechtspopulisten in Dänemark und
in Nordeuropa seit der Jahrtausendwende

Manchmal haben die großen Entwicklungen in der Politik überraschende
Folgen im Kleinen. Seit sich Donald Trump als Neoimperialist geriert und für
Grönland interessiert, haben sich die Handlungsspielräume der autonomen
Region Dänemarks gegenüber der Regierung in Kopenhagen erheblich erweitert. Das lässt sich daran erkennen, dass diese im Januar 2025 vorauseilend
angekündigt hat, die sogenannten Elternschaftstests abzuschaffen, in deren
Konsequenz Grönländerinnen disproportional oft das Sorgerecht für ihre
Kinder entzogen wurde – 2024, als dies aufgedeckt wurde, war davon noch
keine Rede. Dabei reiht sich der Skandal ein in eine Kette von Enthüllungen
der grausamen »Danifizierungs«-Politik in Grönland seit 1945. Erst 2022 war
herausgekommen, dass dänische Ärzte Inuit-Frauen und -Mädchen in den
1960er und 1970er Jahren massenhaft und ohne deren Zustimmung Spiralen
eingesetzt hatten. Dass diese Zwangsverhütungsmaßnahme auf eine lange
eugenische Tradition in Nordeuropa zurückgeht, dürfte hierzulande ähnlich unbekannt sein wie das schlichte Faktum, dass das kleine Nachbarland
Deutschlands quasi eine Kolonialmacht ist, was so gar nicht zum Klischee
vom progressiven und liberalen Skandinavien passen will.[1]

Es ist etwas faul im Staate Dänemark, und zwar nicht nur außerhalb seines
europäischen Kernterritoriums. Gerade die dänische »Ausländerdebatte«,
wie sie dort bis heute bezeichnet wird, ist vergiftet. So profilieren sich die seit
2019 regierenden *Socialdemokraterne* unter Mette Frederiksen erfolgreich mit
einer Hardliner-Haltung, die kaum anders denn als rassistisch zu bezeichnen
ist.[2] Das geht so weit, dass die Regierung das von ihr zunächst bekämpfte
Konzept ihrer Vorgängerregierung weiterführt, in nicht weniger als achtund-
zwanzig urbanen Räumen, die vor allem aufgrund eines hohen Anteils »nicht-
westlicher« (lies: muslimischer) Migrantinnen als »Ghettos« kategorisiert
sind, das Strafmaß für bestimmte Delikte zu verdoppeln. Hinzu kommen

1 Vgl. die Reportage von Gunnar Köhne, *Die Kolonialzeit prägt das Leben bis heute.*
   In: *Deutschlandfunk* vom 23. November 2024 (deutschlandfunk.de/schweres-erbe-
   groenland-daenemark-und-die-kolonialzeit-dlf-29da26ae-100.html).
2 Kompakt zusammengefasst durch Jakob Schwörer / Kristina Birke Daniels, *Erfolgsmodell*
   oder Fallgrube? Die dänische Sozialdemokratische Partei und ihre Migrationspolitik.
   Stockholm: Friedrich-Ebert-Stiftung, Februar 2024 (collections.fes.de/publikationen/
   content/titleinfo/450001).

Instrumente der Zwangsumsiedlung zur Verhinderung von »Parallelgesell-schaften«. Dänemark hat eines der härtesten Asylregime Europas, weswegen es immer wieder mit dem Europäischen Gerichtshof für Menschenrechte an-einandergerät. Bereits seit 2016, dem Jahr der europäischen Flüchtlingskrise, gibt es permanente Kontrollen an der Grenze zu Schleswig-Holstein. All das ist umso bemerkenswerter, als Dänemark noch 1983 eines der großzügigsten Asylrechte der Welt hatte. Das Land war, wie die anderen skandinavischen Staaten auch, überhaupt durch ein Engagement für den globalen Süden und in internationalen Organisationen aufgefallen, das das Image der Länder-gruppe als *moral superpowers* begründete.

Die 1970er Jahre als Umbruchsphase und die Erfolge der Dänischen Volkspartei

Die dänische Kehrtwende wird in der Regel darauf zurückgeführt, dass die rechtpopulistische Dänische Volkspartei (*Dansk Folkeparti*, DF) unter der geschickt agierenden Pia Kjærsgaard die von ihr seit 2001 geduldete Minder-heitsregierung der wirtschaftsliberalen *Venstre* vor sich hertrieb, vor allem mit ihrer radikalen Ablehnung des »Multikulturalismus«. Sofern ihre Ana-lysen nicht bis zur dänischen Romantik mit ihrer spezifischen Kopplung von Volksbildung und Nationalismus zurückgehen, erklären Politikwissen-schaftler diesen Erfolg der Rechtspopulisten seinerseits mit einer Mischung aus systemischen Voraussetzungen – etwa der Zwei-Prozent-Hürde, dem Verhältniswahlrecht und einer Tradition von politischen Duldungskonstruk-tionen – und sozioökonomischen Prozessen mittlerer Dauer.[3]

Es sind die 1970er Jahre, in denen man heute den Anfang vom Ende des »Age of Social Democracy« (Francis Sejersted) in Dänemark erkennt. Sel-ten fehlt der Hinweis auf die Erdrutschwahl zum *Folketing* 1973, bei der die Sozialdemokraten empfindliche Verluste an bürgerliche Parteien hinnehmen mussten, auch an die Vorgängerin der DF, die von dem Anwalt Mogens Gli-strup gegründete Fortschrittspartei *(Fremskridtspartiet)*, die erfolgreich die Wut über die steigende Steuerlast kanalisierte. Das war verkoppelt mit Kritik am hypertrophen Sozialstaat in Zeiten der Ölpreiskrisen, die den Boom der dänischen Industrie beendeten. Diese hatte verstärkt ab 1967 ausländische Arbeitskräfte, etwa aus der Türkei, angeworben. Als die Wirtschaft in die

---

3 Vgl. Clemens Wirries, *Populismus und Pragmatismus. Genese und Etablierung der Dänischen Volkspartei*. In: Frank Decker / Bernd Henningsen / Kjetil Jakobsen (Hrsg.), *Rechtspopulismus und Rechtsextremismus in Europa. Die Herausforderungen der Zivil-gesellschaft durch alte Ideologien und neue Medien.* Baden-Baden: Nomos 2015.

Rezession ging und sich eine Sockelarbeitslosigkeit herausbildete, verloren ebenjene migrantischen Gruppen, denen schon zuvor Lohndumping vorgeworfen worden war, als Erste ihre Jobs. Wie die westdeutsche beschloss die dänische Regierung 1973 einen Anwerbestopp. Dennoch wuchs die Zahl der »Neu-Dänen« *(nydansker)* durch Familiennachzug weiter, ohne dass dem aktive Integrationsangebote gefolgt wären.

Parallel wuchs die Kritik an der vermeintlichen Abgehobenheit der sozialdemokratischen Elite. Sie vor allem identifizierte man mit einer Reihe umstrittener Liberalisierungen im Windschatten von Achtundsechzig, etwa der Aufhebung des Pornografieverbots 1968 (dessen Entsprechung in der Bundesrepublik ein Jahr später der NPD Mitglieder zulaufen ließ) oder der Duldung der anarchistischen »Freistadt Christiana« in Kopenhagen ab 1971 (die den Kern der Verklärung Dänemarks im westdeutschen Alternativen Milieu bildete).[4] Dabei wurden beide Vorgänge insbesondere im ländlichen Milieu Jütlands argwöhnisch verfolgt. Bis heute stoßen rechtspopulistische Positionen auch in Dänemark besonders im ländlichen Raum auf Zustimmung, und hier überproportional bei älteren, männlichen, ehemaligen Stammwählern der Sozialdemokraten, darunter vielen Facharbeitern.

Allerdings legen sowohl der europäische als auch der innerskandinavische Vergleich von Entwicklungen nach Ende des Nachkriegsbooms nahe, dass sozioökonomische Erklärungen für den rasanten Aufstieg eines xenophoben Populismus um das Jahr 2000 zugleich zu weit (zurück) und zu kurz (mit Blick auf die diskursive Gemengelage) greifen. So gab es in Dänemark auch eine ausgeprägte linksnationalistische, antikapitalistische kulturelle Strömung, die sich im Vorfeld der Volksabstimmung über den Beitritt zur Europäischen Wirtschaftsgemeinschaft im Oktober 1972 konsolidierte und die latente Angst vor den autoritären und übermächtigen Deutschen *(tyskerfrygt)* schürte – wodurch die Grenze zu einer generellen Fremdenfeindlichkeit ins Fließen kam.

Vor allem aber verzeichnete Dänemark um die Jahrtausendwende eine Neuinterpretation seiner Nationalgeschichte von rechts. Sie vollzog sich in Form der Konstruktion einer Bedrohung, die zugleich von der globalen kulturellen Homogenisierung, vom Islam und einem als »undänisch« gebrandmarkten Werterelativismus des linksliberalen Kultursektors auszugehen schien. Es ist nur auf den ersten Blick ein Widerspruch, dass gerade bürgerliche Parteien in Dänemark also zu einem Zeitpunkt, da sie die Liberalisierung der dänischen

---

4   Dazu und auch zum dänischen Linksnationalismus luzide: Detlef Siegfried, *Alternative Dänemark. Kosmopolitismus im westdeutschen Alternativmilieu 1965–1985*. Göttingen: Wallstein 2023.

Wirtschaft mit standortpolitischen Argumenten förderten, kulturpolitisch identitäre Verhärtungen forcierten. Das lässt sich vor allem an zwei Beispielen zeigen: der Debatte um einen nationalen Kulturkanon ab 2004 und – hierzulande bekannter – der Mohammed-Karikaturenkrise, die im darauffolgenden Jahr begann.

Brian Mikkelsen und die dänische Kanon-Debatte

Ähnlich wie in Deutschland war in Dänemark Ende der neunziger Jahre eine Globalisierungsrhetorik allgegenwärtig, die einherging mit der Forderung nach einer Verschlankung des Staats in Zeiten verschärften internationalen Wettbewerbs und Rufen nach einer fordernden, »aktivierenden« Sozialpolitik, vor allem gegenüber Migranten. Dann brachten 9/11 sowie der Afghanistan- und Irakkrieg – beides Auseinandersetzungen, an denen sich Dänemark anders als die Bundesrepublik mit Truppenentsendungen beteiligte – die Gefahr des islamistischen Terrorismus auf die Agenda. Nur knapp zwei Monate nach den Anschlägen in Manhattan war eine Mitte-Links-Regierung durch die Koalition der *Venstre* unter dem Ministerpräsidenten Anders Fogh Rasmussen mit der Konservativen Volkspartei (*Det Konservative Folkeparti*, KF) abgelöst worden. Und dies war, wie angedeutet, nur möglich aufgrund der Duldung durch die Rechtspopulisten der DF, die den Regierungsparteien nicht zuletzt in der Kulturpolitik ihre Ziele aufdrängen konnten.

Gerade auf diesem Politikfeld bestand aber auch eine unheilsame Interessenkonvergenz. Bürgerliche Politiker sahen in dem, was sie seit Anfang der 2000er Jahre offen als »Kulturkampf« bezeichneten, eine Chance, die Dominanz des progressiven Establishments um den Verlag Gyldendal, den öffentlich-rechtlichen Rundfunk DR und die Tageszeitung *Politiken* aufzubrechen. Eine zentrale Rolle hierbei spielte der junge Kulturminister Brian Mikkelsen (KF). Der studierte Politikwissenschaftler profilierte sich damit, dass er seine unablässigen Angriffe auf das sozialdemokratische Milieu, das er für klientilistische sozialstaatliche Ausgabenexzesse verantwortlich machte, mit dem Vorwurf verknüpfte, dessen Kosmopolitismus sei eigentlich eine Form der Selbstzensur gegenüber freiheits- und frauenfeindlichen muslimischen Einwanderern. Diese widerspreche völlig der Tradition des in den 1930er Jahren etablierten, aufklärerisch-emanzipatorischen und entschieden laizistischen »Kulturradikalismus«, wie der Progressivismus in Dänemark genannt wird.

Im Dezember 2004 stellte Mikkelsen eine Falle. Er verkündete, einen nationalen Kulturkanon veröffentlichen zu wollen, der das dänische Kulturerbe repräsentiere, und zwar in den Bereichen Architektur, Bildende Kunst, Design, Film, Literatur, Pop- und klassische Musik sowie Bühnenkunst (hinzu kam ein gesonderter Kanon der »Kinderkultur«). Mikkelsen präsentierte dieses Vorhaben als notwendige Reaktion auf die Gefährdung »dänischer Werte« durch Migration und Globalisierung. Der Nationalstaat, so der Minister in einer Rede, sei unter Druck. Und nur, wer die eigene Herkunft kenne, sei gerüstet, die unvermeidliche Begegnung mit »dem Fremden« zu meistern. Die Ankündigung führte zu heftigen Reaktionen in der Kulturszene. Als der Regisseur Lars von Trier von seiner bevorstehenden Aufnahme in den Kanon erfuhr, filmte er sich dabei, wie er den Danebrog, die dänische Flagge, zerschnitt und als rote Fahne wieder zusammennähte.

Mikkelsen indes trieb das Vorhaben unbeirrt voran. Sieben Kommissionen à fünf Personen wurden gebildet, die je zwölf Werke für einen der Kulturbereiche aussuchten. Im Januar 2006 war der Kulturkanon druckfertig. Mikkelsens Kulturministerium ließ 150 000 Gratisexemplare an Schulen und Hochschulen verteilen – ohne allerdings die Benutzung verbindlich zu machen. Auf den achtzig Seiten der Publikation fanden sich nunmehr einhundertacht Kulturprodukte, die jeweils mit einer Abbildung und einem kurzen Text vorgestellt wurden.[5] Letzterer beschrieb meist Entstehung oder Inhalt des entsprechenden Werks. Nur selten wurde dessen Aufnahme in den Kanon selbst begründet, also etwa eine Aussage dazu gemacht, wie ein Bauwerk eigentlich spezifisch dänische Architekturwerte vermittle.

Die Auswahl wirkt überhaupt eklektisch, wenn unter anderem der 1958 in Dänemark entwickelte Legostein dazugehört. Auffällig ist, dass allerlei Exportschlager Aufnahme in den Kulturkanon fanden, etwa Poul Henningsens Pendelleuchte PH 5 oder auch die Märchen Hans Christian Andersens. Sie sind durch *Die kleine Meerjungfrau* vertreten, die als Disney-Version weithin bekannt ist, und auch durch die im Kanon abgebildete Skulptur Edvard Eriksens in Kopenhagen, die indes mehr Touristenmagnet als ein Identifikationsort der Stadtbewohnerinnen ist. Sogar das vom dänischen Architekten Jørn Utzon entworfene Opernhaus von Sydney ist enthalten, das die meisten Menschen wohl eher an Australien denken lässt. Man konnte dies so deuten, dass auch die globale Reichweite oder gar gemeinmenschliche Verständlichkeit ein Werk kanonisch mache. Aber bei genauerem Hinsehen besteht wenig Zweifel daran, dass Geburtsort und Staatsbürgerschaft des Urhebers den Ausschlag gaben. Zugleich wurden quasinationale Kontinuitäten suggeriert, die Jahrtausende zurückreichen, etwa durch die Aufnahme eines Wikingerschiffs in den Design- oder des bronzezeitlichen (!) Sonnenwagens von Trundholm in den Kunstkanon.

---

5   Kulturministeriet, *Kulturkanon*. Kopenhagen 2006 (kum.dk/fileadmin/_kum/5_
    Publikationer/2006/kulturkontakten_kulturkanon_2006.pdf).

Mikkelsens Geleitwort betonte denn auch die »ganz langen Linien« der Kulturentwicklung. Dabei räumte es ein, viele Werke stünden nur für sich selbst; ihre überzeitliche Qualität bestehe letztlich darin, dass sie dazu provozierten, eigene Fragen an sie zu stellen. Was ebenso vage wie widersprüchlich klingt, klärt sich auf, wenn man darauf achtet, wie subtil der Koordinator des Kanons, der Literaturwissenschaftler Jørn Lund, eben diese Freiheit, selbst zu denken, als etwas Urdänisches herausstellte – etwas, das einzigartig sei an »Dänemark und den Dänen, in einer Welt, die sich mehr und mehr globalisiert«. Auch wenn Lund sein Vorwort mit »Komm herein« überschrieb, war die Botschaft weniger freundlich-pluralistisch, als es klingt, setzt doch die Aufforderung zum Eintreten in eine Kultur deren Abgeschlossenheit voraus – und das wiederum ein gewisses Maß an Gatekeeping. Zu der Frage, wer die Auswählenden ausgewählt hatte, war im Kanon wenig zu lesen. Es handele sich um die besten Kulturexperten des Landes, hieß es. Tatsächlich bildeten die Kanon-Kommissionen zwar drei Generationen beiderlei Geschlechts ab, bestärkten aber den Eindruck einer ethnischen Exklusivität: Nur ein einziger nichtskandinavischer Name ist dabei – ein englischer.

Müßig zu sagen, dass weder die Einwanderung noch die dänische Kolonialgeschichte zu den »langen Linien« im Kanon gehören, worauf nach dessen Erscheinen eine Gruppe Kulturschaffender mit der Publikation eines sogenannten Ausländerkanons reagierte. Bezeichnenderweise wurde *der* dänische internationale Bestseller der neunziger Jahre, Peter Høegs Roman *Fräulein Smillas Gespür für Schnee* (1992), der den Kolonialismus in Grönland kritisch darstellt, nicht erwähnt. Noch bezeichnender ist aber, dass man im Kanon betonte, die Kommissionen seien nach kontroversen Diskussionen konsensuell zu ihrer Auswahl gekommen. Dänisch, das war also einerseits eine ethnonationalistische, nativistische Kategorie. Andererseits hieß es: die Bereitschaft zur offenen Debatte. Das lief auf eine geschickte Umkehrung der Beweislast hinaus. Wer den Kanon einfach ignorierte, musste sich die Frage gefallen lassen, ob er oder sie sich einer zutiefst undänischen Diskussionsverweigerung schuldig machte.

Eine außer Kontrolle geratene Mutprobe: Der Karikaturenstreit

Mikkelsen wollte zwei Fliegen mit einer Klappe schlagen. Er wollte erstens die Tradition des Kulturradikalismus für sich vereinnahmen und so die behauptete linke Kulturhegemonie brechen und zweitens dem politischen Konkurrenten der radikal(er)en Rechten durch die Besetzung des Themas »nationale Identität« den Wind aus den Segeln nehmen. Zumindest die zweite Rechnung ging aber nicht auf. Das zeigte sich, als nur wenige Tage nach

der Veröffentlichung des Kanons der in Dänemark als »Mohammedkampf«
(Mohammedstriden) bezeichnete Konflikt eskalierte. Im Herbst 2005 hatte
die Tageszeitung *Jyllands-Posten* zwölf Karikaturen des islamischen Prophe-
ten gedruckt. Weniger bekannt als der Streit selbst ist, dass es sich dabei um
Auftragsarbeiten der Zeitung handelte, die sich als konservativer Gegenpol
zur Kopenhagener Medienlandschaft verstand und deren Kulturredakteur
Flemming Rose es gar nicht in erster Linie um die muslimische Bevölkerung
des Landes ging. Die Karikaturenkampagne ist vielmehr als weitere Mut- oder
Gesinnungsprobe zu verstehen, mit der die linksliberale Bereitschaft zur
Selbstzensur entlarvt werden sollte – was die ein oder andere eingereichte
Karikatur durchaus spöttisch kommentierte.

Das verhinderte nicht, dass eben auch eine darunter war, die Mohammed
mit einem Turban in Form einer Bombe mit brennender Lunte darstellte. Sie
war es, die Vertreter dänischer Islamverbände zu einer Strafanzeige veranlass-
te, die indes abgewiesen wurde. Mitte Januar 2006 reiste dann eine Gruppe
dänischer Imame nach Ägypten, ausgestattet mit einem Dossier, das auch
gefälschte, weit unter die Gürtellinie zielende Bilder enthielt. Einige Staaten
mit mehrheitlich muslimischen Bevölkerungen bestellten daraufhin die dänischen Botschafter ein, die mit Hinweis auf die Pressefreiheit jegliche Ein-
flussnahme verweigerten. Nach Berichten des Senders Al Jazeera kam es zu
Demonstrationen mit bis zu 250 000 Teilnehmern im Libanon und zu Brand-
attacken auf die Botschaften Dänemarks in Beirut und Damaskus; insgesamt
starben mehr als einhundert Menschen bei Auseinandersetzungen. Derweil
verzeichnete die exportorientierte dänische Nahrungsmittelindustrie empfindliche Umsatzeinbußen durch Boykotte. Zu den Folgen der Aktion gehörten auch der Widerstand der Türkei gegen die Ernennung Anders Fogh
Rasmussens zum Nato-Generalsekretär 2009 und im Jahr darauf der vereitel-
te Mordanschlag eines dem Al-Qaida-Netzwerk verbundenen Somaliers auf
Kurt Westergaard, den Zeichner des Bomben-Mohammed. Ein mittelbarer
Effekt der Ereignisse war der islamistische Terroranschlag am 7. Januar 2015
auf das Pariser Redaktionsbüro der Satirezeitschrift *Charlie Hebdo*, die zuvor
ebenfalls Mohammed-Karikaturen publiziert hatte.

Der innerdänische Kulturkampf setzte also gravierende außenpolitische
und -wirtschaftliche Eigendynamiken (mit) in Gang. Pointiert ließe sich
sagen, dass sich dänische Rechtskonservative verkalkuliert hatten mit Blick
auf die Loyalitäten muslimischer Hardliner in ihrem Land. Mit deren Bereitschaft, ihre translokalen Verbindungen mit höchst destruktiven Konsequenzen spielen zu lassen, hatten sie offenkundig nicht gerechnet. Die
meisten waren dann sehr überrascht, dass Ereignisse in einem sich letztlich
einflusslos wähnenden Land weitreichende Konsequenzen haben konnten.

Während die politische Klasse daraufhin zur Schadensminimierung stark in die außenpolitische Imagearbeit investierte, bescherte die weitere Verhärtung des innenpolitischen Klimas der DF größere Popularität denn je. 2014 kam sie auf 26 Prozent der Stimmen; das 2018 in Kraft getretene Burkaverbot und die erwähnte Ghettostrategie sind letztlich Erfolge der Partei – programmatische allerdings, denn es sind eben die Sozialdemokraten, die sich den Rechtspopulisten seitdem anverwandelt haben.

In der Karikaturenkrise kulminierte eine zunehmend fundamentalistische Verteidigung des Rechts auf Meinungsfreiheit, die bald keinen Raum mehr für den Hinweis ließ, dass es bei aller Freiheit auch gute Gründe geben kann, von seinem Recht keinen Gebrauch zu machen. Wie bei der Kanon-Debatte lässt sich aus der Krise im Hinblick auf die Konjunktur rechtspopulistischer Positionen in Europa zugleich ableiten, dass eine Erklärung nicht voll befriedigt, die bei politischen Strukturen, sozioökonomischen Makroprozessen oder einem implizit als Modernisierungsrückstand gedachten Parochialismus »abgehängter« ländlicher Wähler stehenbleibt. Der dänische Fall ist deshalb so interessant, weil bürgerlich-konservative Akteure unter Druck von Rechtsaußen sich die Verteidigung einer für sie genuin dänischen Liberalität auf die Fahnen schrieben, die lange Zeit als Projekt ebenjener linksliberalen Kreise verstanden worden war, die sie bekämpften: eine Strategie, die man mit einem aus den USA entlehnten Begriff als »owning the libs« bezeichnen mag.

All das geschah zwei Jahrzehnte, bevor rechte Medienaktivisten die amerikanischen Campus-Debatten über *wokeness* und vermeintliche Sprechverbote nach Deutschland importierten. Vieles, was hierzulande relativ neu ist, vergiftet in Teilen Nordeuropas also schon seit Anfang des Jahrtausends die Debatten, die sich in längerer, vergleichender Perspektive zu betrachten lohnt.[6] Immerhin sind die EU- und migrantenfeindlichen Wahren Finnen beziehungsweise seit 2012 einfach Die Finnen *(Perussuomalaiset)* seit 2023, wie schon von 2015 bis 2017, an der Regierung beteiligt, während die norwegische Fortschrittspartei *(Fremskrittspartiet)* sogar sieben Jahre (2013 bis 2020) mitregierte.

Die schwedische Unzufriedenheit

In Schweden hatte man lange mit Befremden, wenn nicht Überlegenheitsgefühl, auf das gemeinsame Nachbarland mit Deutschland geblickt. Aber

6 Morten Reitmayer, *Populismus als Untersuchungsfeld der Zeitgeschichte*. In: *Vierteljahrshefte für Zeitgeschichte*, Nr. 69/4, Oktober 2021. In diesem Sinne schon vor zehn Jahren: Decker / Henningsen / Jakobsen, *Rechtspopulismus und Rechtsextremismus in Europa*.

nach der Wahl zum schwedischen Reichstag Anfang September 2022 zeichnete sich schnell der Tabubruch der neuen bürgerlichen Minderheitsregierung unter Führung der wirtschaftsliberalen Moderaten *(Moderaterna)* Ulf Kristerssons ab, eine Duldungsallianz mit den rechtspopulistischen Schwedendemokraten *(Sverigedemokraterna*, SD) einzugehen, die mit 20,5 Prozent der Stimmen zweitstärkste Partei geworden waren. Die kurze Zeit später im sogenannten Tidö-Abkommen formalisierte Mehrheitsbeschaffung durch die SD lässt wenig Zweifel an deren Einfluss vor allem in der Migrationspolitik: Die Absprache umfasst unter anderem die Reduktion der Einwanderung durch Abschwächung des Rechts auf Asyl bis hin zum Entzug von Aufenthaltsgenehmigungen.

Auch das Profil der SD-Wähler, das eine 2021 erschienene Studie zur »schwedischen Unzufriedenheit« herausarbeitet,[7] mag einem bekannt vorkommen. Gerade abseits der Großstädte – und das meint im Flächenstaat Schweden wichtige Räume – ist es vorbei mit der Zufriedenheit der Bürger mit ihrer Gesellschaft. Es sind Milieus von Enttäuschen entstanden, vor allem männlichen: 58 Prozent der schwedischen Männer (aber nur 38 der Frauen) haben im Jahr 2022 Parteien des konservativen bis extrem rechten Blocks gewählt. Die Autorinnen der Studie, die Soziologin Johanna Lindell und die Politikwissenschaftlerin Lisa Pelling, sehen das als Folge des Schwunds einer staatlichen Fürsorge, die auf Neoliberalisierungstendenzen des ausgehenden 20. Jahrhunderts zurückgeht.

Auch Schweden durchlebte »Transformationsstürme« (Philipp Ther u.a.), die jenen in den ehemals sozialistischen Ländern ähneln. So folgte einer durchs Platzen einer Immobilienblase ausgelösten Banken- und Kreditkrise in den Jahren 1991 bis etwa 1994 eine tiefe Rezession bei hoher Arbeitslosigkeit. Das beschleunigte die in den achtziger Jahren begonnene Abkehr des Landes vom »Dritten Weg« zwischen Kapitalismus und Kommunismus, was sich insbesondere im Umbau der Alterssicherung in Richtung Rentenfonds abbildete. Wenn *sossarna*, die schwedischen Sozialdemokraten, die über Jahrzehnte politisch und sozial hegemonial gewesen waren, heute in der Glaubwürdigkeitskrise stecken, so hängt das damit zusammen, dass gerade sie diesen Um- und Abbau eines Sozialstaats vorangetrieben haben, den sie einst selbst etabliert hatten. Staatsminister Göran Persson (Amtszeit 1996 bis 2006) ahmte, wie die Schröder-SPD, den marktliberalen Kurs von New Labour nach.

---

7   Johanna Lindell / Lisa Pelling, *Die Schwedische Unzufriedenheit*. Stockholm: Friedrich-Ebert-Stiftung 2022 (https://nordics.fes.de/e/die-schwedische-unzufriedenheit.html). Dabei handelt es sich um die Kurzfassung von Lindell / Pelling, *Det svenska missnöjet*. Stockholm: Atlas 2021.

Eigentlich ist man von diesem Kurs nicht mehr abgewichen. So war die 2022 abgelöste Mitte-Links Regierung über der von den Sozialdemokraten unter Magdalena Andersson angestrebten Abschaffung von Mietenobergrenzen zerbrochen, die die linke Koalitionspartnerin *Vänsterpartiet* nicht hatte akzeptieren können.

Und eben hier docken die SD an, wenn sie die Reduktion der Migration als Rettung des gemeinsamen Wohlfahrtsprojekts propagieren, wobei sie eine Erinnerung an den Sozialstaat als ethnisch homogene Welt mobilisieren. Stärker als den dänischen zeichnet den schwedischen Rechtspopulismus eine rhetorische Strategie des Sozialstaatschauvinismus aus, der auch Sozialdemokraten den Weg gebahnt haben – Göran Persson hatte bereits 2004, im Kontext der Debatte über die EU-Osterweiterung, ebenjenen »Sozialtourismus« der Zuwanderer im Munde geführt, den nun Friedrich Merz für sich entdeckt hat. Damit soll übrigens nicht bestritten werden, dass es in den sogenannten Einwanderermilieus Schwedens erhebliche Probleme gibt, und auch nicht, dass diese zeitweilig durchaus beschwiegen wurden, wenn auch nicht im von den SD behaupteten Umfang.

Das galt insbesondere für das zentrale Thema des Wahlkampfs 2022: die im europäischen Vergleich völlig außer Kontrolle geratene Banden- und Schusswaffenkriminalität. Sie trifft vor allem die Vorstädte Malmös und Stockholms, genauer und symbolischer: ebenjene Großwohnsiedlungen des »Millionenprogramms« (1965–1975), die einmal als progressive Errungenschaft mit Stolz betrachtet wurden. Studien zeigen, dass die Gewaltkriminalität tatsächlich mehrheitlich von Zuwanderern und Schweden der ersten Generation verübt wird, dies aber nicht aus sogenannten Clan-Strukturen heraus. Vielmehr handelt es sich bei den Tätern um oft minderjährige Männer, die zwar in einem Milieu leben, das deutlich von der schwedischen Mehrheitsgesellschaft segregiert ist, die jedoch soziologisch vor allem als vereinsamt beschrieben werden müssen und die eine hyperindividualistische, fast darwinistische *hustling*-Mentalität auszeichnet. Das macht sie in Zeiten von Kürzungen in der Jugendarbeit anfällig für die Offerten der internationalen organisierten Kriminalität. Es hat aber wenig mit der Kultur der Herkunftsländer der Täter oder ihrer Familien zu tun, die die SD als nichtintegrationswillig oder gar -fähig stilisieren.

Skandinavische Unterschiede, deutsche Fehlinterpretationen

Trotz seiner vorstädtischen Gewaltprobleme ist eher nicht damit zu rechnen, dass Schweden die dänische »Ghetto«-Strategie adaptiert. Das hängt auch damit zusammen, dass sich die Gründungsmilieus und -anlässe der neurechten

Parteien Nordeuropas unterscheiden, was wiederum bestimmten rhetorischen beziehungsweise kulturpolitischen Radikalisierungen (noch) einen Riegel vorschiebt. Die DF hatte sich 1995 von der Fortschrittspartei abgespalten; die Schwedendemokraten hingegen entstammen direkt der südschwedischen Neonazi-Szene der achtziger Jahre – einem Milieu, zu dem auch die ersten »internationalen Gäste« der lokalen Skinheads beim Pogrom in Rostock-Lichtenhagen 1992 zählten. Die SD mussten also weit größere Mengen Kreide fressen, symbolisiert durch den Austausch der brennenden Fackel im Parteilogo durch eine Blume. Sie trennten sich 2024 auffallend schnell von einem Abgeordneten, der auf einer Party zur Europawahl *L'amour toujours* angestimmt hatte – und zwar auf Deutsch in der aus Sylt bekannten Variante,[8] was auch zeigt, dass schwedische Rechte die hiesigen Entwicklungen genau beobachten. Tatsächlich erfuhren die SD bei der Europawahl 2024 eine herbe Niederlage. Es war herausgekommen, dass die Partei eine veritable Trollfabrik betrieb.

Auch die einem ähnlichen Milieu entstammenden Wahren Finnen verloren bei der Europawahl Stimmen, nachdem sie von einem Skandal über Neonaziverbindungen und rassistische Slogans zum nächsten getaumelt waren. Die von ihnen verantworteten Grenzschließungen und »pushbacks« – bei einer sehr kleinen Einwohnerschaft mit Migrationshintergrund – haben indes weit mehr als die Forderungen ihrer schwedischen Konterparts mit antirussischem Ressentiment und Ängsten angesichts von Putins Expansionismus zu tun.

In Norwegen gibt es die freilich auch, im Trend zur *Storting*-Wahl 2025 führt aktuell die Fortschrittspartei. Diese wiederum ist hervorgegangen aus einer 1973 als Einmannprojekt des Steuerprotestaktivisten Anders Lange gegründeten Partei – daher das eher wirtschaftsliberale Profil und eine phasenweise Distanzierung der »Fortschrittlichen« von den SD. Die norwegischen Rechtspopulisten regierten ab 2013 eher unauffällig mit, bis die bürgerlich-rechte Koalition 2020 dann doch im Streit über die Rückführung einer mutmaßlichen IS-Anhängerin nach Norwegen zerbrach. Überhaupt führt Norwegen, das in den 2000er Jahren unter dem Sozialdemokraten Jens Stoltenberg ebenfalls einen neoliberalen Kurs eingeschlagen hatte, mit seinem in Rentenfonds angelegten Ölreichtum ein einzigartiges Selbstgespräch im Zeichen von Ukrainekrieg und globaler Erhitzung. Mäßigend wirkt auf dieses Gespräch sicher auch das Faktum der Mordanschläge des rechtsradikalen Terroristen Anders Breivik 2011, die als größte nationale Katastrophe nach der deutschen Besatzung im Zweiten Weltkrieg gesehen werden.

---

8   Robert Hugo Ziegler, *Die Sylter Pfingstgemeinde und der grenzenlose Spaß*. In: *Merkur*, Nr. 903, August 2024.

Generell hängen viele Unterschiede im Norden – Island, das seit kurzem eine dezidiert feministische Regierung hat, ist noch einmal ein eigener Fall – mit den jeweiligen Erinnerungskulturen zusammen. Der norwegische Nationalfeiertag *(grunnlovsdagen)* feiert indirekt die Befreiung vom als Kolonisator wahrgenommenen Dänemark im Jahr 1814, während die Rolle Schwedens und Norwegens bei der »Zivilisierung« der Sámi lange in die Tiefenschichten der jeweiligen kollektiven Gedächtnisse verbannt war. Das ist in Dänemark anders, wo die Kolonialgeschichte direkt an der Oberfläche zutage tritt. Neben der Erinnerungskultur erklären aber auch die traditionell ausgeprägten gegenseitigen Beobachtungen der Skandinavier manchen Unterschied. So sahen die SD 2006 aus Sicherheitsbedenken von einer geplanten Veröffentlichung der Mohammed-Karikaturen in ihrer Parteizeitschrift ab. Bezeichnend ist auch der jüngste Umgang Schwedens mit den angedrohten Koranverbrennungen des (in Dänemark geborenen) islamfeindlichen Aktivisten Rasmus Paludan. Es gab Überlegungen, ausgerechnet den Blasphemie-Paragraphen zu reaktivieren, um sie zu stoppen – ein Atavismus, der »unskandinavischer« kaum sein könnte und ohne die Sorge vor einer dänischen Dynamik nicht denkbar scheint.

Umfragen bestätigen denn auch, dass die Dänen sich von ihren Nachbarn weit entfernt haben in Fragen, die mit Einwanderung zu tun haben. Kritik des Europarats an der Migrationspolitik wurde bereits in den späten Nullerjahren von großen Teilen der Bevölkerung als Einmischung von außen empfunden. In Schweden ist man noch nicht so weit; noch eignet der Entscheidung für die SD der Charakter einer Protestwahl. So ist mittlerweile auch die Unzufriedenheit mit der bürgerlichen Regierung, als deren Teil die SD offenbar gesehen werden, groß. Dass sich Opportunitätsfenster für eine Radikalisierung der politischen Kultur auch wieder schließen können, läuft aber nicht auf eine Entwarnung hinaus. Das lässt sich am aktuellen Vorschlag einer von der schwedischen Regierung beauftragten Expertenkommission erkennen, den Zugang zur Staatsbürgerschaft des Landes an »ehrbares Verhalten« und ein Bekenntnis zu schwedischen Werten zu koppeln. Politikwissenschaftler gehen generell davon aus, dass in den vergleichsweise kleinen, stark konsensuell geprägten Ländern Nordeuropas mit ihren überschaubaren Medienlandschaften eher ruckhafte als inkrementelle Verschiebungen im Meinungsspektrum wahrscheinlicher sind als anderswo – wie auch die »Zeitenwende« des Nato-Beitritts der ehemals neutralen Staaten Schweden und Finnland 2024 verdeutlicht. Der von dem Politikwissenschaftler Henrik Oscarsson in Analogie zum bekannteren Overton-Fenster geprägte Begriff »Meinungskorridor« *(åsiktskorridoren)* wird in Schweden übrigens gerade auf die bislang ausgebliebene »Dänisierung« der Debatten im Land bezogen.

Umso wichtiger ist es, hiesigen Versuchen entgegenzutreten, mehr oder weniger absichtsvoll das Stereotyp vom normalen, vernünftigen, moderaten Skandinavien für den Zweck einzuspannen, der AfD durch Mimikry Stimmen abzuluchsen. Die deutschen Bezugnahmen auf Dänemark haben zugenommen, wenn auch nicht solche mit kritisch-analytischer Absicht. So interessierte sich Wolfgang Kubicki, damals stellvertretender Bundesvorsitzender der FDP und zugleich Bundestagsvizepräsident, zuletzt ostentativ für die dänische »Ghetto«-Gesetzgebung.[9] Das griff Christian Lindner bei der Debatte im Bundestag über die CDU-Anträge zur Verschärfung der Migrationspolitik am 29. Januar 2025 auf, als er die Entwicklung in Österreich mit der vorbildlichen im »liberalen und weltoffenen« Dänemark verglich. Und auch Friedrich Merz begeisterte sich für skandinavische Migrationspolitik, offenbar infolge einer Erfolgsmeldung der schwedischen Regierung über die rückläufige Zahl an Asylanträgen, die sich bei genauerem Hinsehen als Effekt einer neuen Berechnungsmethode erweist. Ähnliches gilt für die – von Merz' Parteigenossen Jens Spahn herbeigewünschten – Rückkehrerprämien, die sich, am eigenen Ziel gemessen, in Dänemark als wenig effektiv erwiesen haben.

Eine Asylpolitik nach dem »Ruanda-Modell« ließ sich selbst dort nicht durchsetzen. Dafür sind im xenophoben Klima des Landes aktive Bemühungen um die Einbeziehung der nicht abschiebbaren migrantischen Bevölkerung nunmehr tabuisiert. Deren gesellschaftliche Partizipation stagniert entsprechend, mit schwer abzusehenden Folgen. Anders als es die unehrliche oder zumindest uninformierte Skandinavien-Referenz deutscher Politiker unterstellt, war es übrigens nicht in erster Linie die Migrationspolitik, die den Sozialdemokraten in Dänemark zeitweise Zulauf verschaffte, sondern eher eine klassische linke Wirtschaftspolitik.

---

9   *Dänemark als Vorbild: FDP-Politiker erklärt, wie er Ghettos in Deutschland verhindern will.* In: *Focus online* vom 9. November 2023 (focus.de/politik/meinung/gastbeitrag-von-wolfgang-kubicki-daenemark-als-vorbild-kubicki-erklaert-wie-er-ghettos-in-deutschland-verhindern-will_id_242281949.html).

Julika Griem
Warten, lernen

Zugänge

Die Überweisung: Als substantiviertes Verb gibt dieses Wort ein Versprechen. Man hofft, der Prozess habe sich bereits vollzogen. Als Objekt in Form eines DIN-A5-Formulars in blassrosa und weiß steht die Überweisung dagegen für ein störanfälliges Übergangsritual im deutschen Gesundheitssystem. Dies zeigt sich zu Beginn eines neuen Abrechnungsquartals. Um Behandlungen fortsetzen zu können, braucht es neue Überweisungen an die behandelnden Fachärztinnen und Fachkliniken. Manchmal erfordert der bürokratische Kreisverkehr auch den Besuch einer gar nicht behandelnden Praxis, weil nur ihre Überweisung den Prozess aufrechterhalten kann. Unterbrechungen und Stillstand drohen, wenn zu Personalmangel und Krankenstand noch ein Feiertag kommt. Patientinnen werden so auf einen von vielen Zufällen bestimmten Rundlauf geschickt. Manchmal öffnet nur freundliche Hartnäckigkeit die Türen: etwa an einem Brückentag, an dem in einer eigentlich geschlossenen Praxis eine Ärztin mit ihrer abgestürzten IT kämpft. Der Ausdruck der Überweisung klappt trotzdem. Auf zur nächsten Station – auf der sich allerdings herausstellen könnte, dass man statt der Überweisung eine *Einweisung* braucht.

Die Anmeldung gibt ein ähnliches Versprechen wie die Überweisung und die Einweisung: Ein Akt wurde vollzogen, nun kann es weitergehen. Auf einem Türschild oder einer Glasscheibe verheißt »die Anmeldung« allerdings zuallererst Warten. Dieses Warten braucht einen Raum, die Anmeldung eine Anordnung. Eine Trennung in Draußen und Drinnen durch eine geschlossene Tür, mit einer Sekretärin als Türhüterin des Geschäftsführers, des Professors; oder der Sachbearbeiterin des Melde- oder Arbeitsamtes auf langem Flur mit Stühlen in Reihe. Eine Uhr an der Wand? Vermutlich nur dort, wo man keine Verstimmung der Wartenden befürchten muss. Ich ziehe eine Nummer, nun kann ich mitzählen. Aber erst, wenn der Raum mit dem Monitor erreicht ist. Der Weg dorthin kann voller Windungen sein: Neben der ersten Tür mit dem Schild »Anmeldung« hängt ein Schild »Bitte die Seitentür benutzen«. Diese liegt nur im Idealfall neben der Haupttür.

Glasscheiben zeugen von Transparenzverpflichtungen: Wir laden Sie ein, wir sind für Sie da, Sie können uns buchstäblich auf die Finger schauen. Gläserne Schiebefenster, manchmal durch Mikrofonanlagen zusätzlich filternd. Was sieht man, während man auf die Anmeldung wartet? Menschen bei der Arbeit für den Kunden, für die Patientin, für Studierende. Mitarbeitende am Telefon und am Rechner; Informationen werden unter Zeitdruck ausgetauscht und weitergeleitet. Menschen im Gespräch, scherzend, frotzelnd, flirtend, einen Energieriegel essend. Und, irritierender: Mitarbeitende, die für meine Anmeldung zuständig sind, aber selbst warten. Auf Anweisungen, auf fehlende Unterlagen; darauf, dass im Hintergrundrauschen des Gesamtsystems unzählige und für die Anzumeldenden unsichtbare Prozesse synchronisiert werden.

Da diese Synchronisation ihre eigene Zeit braucht und verliert, vergeht mehr Zeit im Warteraum. Nicht alle Gespräche möchte ich mit anhören können, schon gar nicht die Monologe der zwanghaft Lauten. Und auch nicht die kleine Lehrstunde hinter der geöffneten Glasscheibe: Wie die Kundenkarte, aber auch die auf Papier gebannten Angaben auf dem guten alten Klemmbrett ins System eingeben? Zwischendurch auf Enter drücken, oder mit Doppelklick? Warum wird nicht ausgedruckt? Wo gilt es, den Beginn des neuen Quartals zu markieren? Wird das dann automatisch gespeichert?

Einerseits zeugt diese Ad-hoc-Fortbildung vor Publikum von Teamgeist und Solidarität. Andererseits wünsche ich mir, die Scheibe wäre ein Vorhang und der Ton ausgeschaltet. Wir spielen alle Theater, und gerade auf der Schwelle der Anmeldung braucht es Schauspielkunst. Aber mit treuherzig vorgeführter Inkompetenz entsteht ein Transparenz-Überschuss, der das Vertrauen der Wartenden nicht stärkt. Es braucht eine Kunst der Trennung von Vorder- und Hinterbühnen. Ohne geschärftes Rollenbewusstsein gerät die Administration der Anmeldung leicht aus ihrem fragilen Gleichgewicht. Und das auf beiden Seiten.

Immer wieder formt sich eine kleine Schlange vor dem Fenster ins Innere der Anmeldung. War diese Dame wirklich schon vor mir da? Zieht sich die Sache hin, wird es immer schwerer zu entscheiden, wann man noch einmal vor die Scheibe tritt und um Auskunft über die verbleibende Wartezeit bittet. Und in welchem Ton? Wer steht wann auf und geht wohin? Und kommt woher zurück, um weiter zu warten? Vielleicht auf weitere Anmeldungen nach der Anmeldung? Eher selten bilden sich einzelne Warte-Inseln verbindende Wartegemeinschaften. Ihre Möglichkeit klingt in jovialen Grußformeln an.

Je länger es dauert, desto stärker wird der Wunsch, auserwählt zu werden. Wer die am Schiebefenster erreicht, nutzt die Lage manchmal für ein Schwätzchen. Oder eine gutgemeinte Beratung der Personen, die eigentlich für seine Beratung zuständig sind. Auch hier braucht es Fingerspitzengefühl, um Zeit möglichst gerecht zu verteilen. Darüber entscheiden technische Anordnungen, die sich nicht immer sofort erschließen: Werden die Wartenden durch Kameras beobachtet, ist eine Face-to-face-Anmeldung nicht nötig.

Nach mehreren Stunden haben sich alle Schlangen aufgelöst. Der Personenverkehr zwischen der Anmeldung und ihrer Umgebung hat deutlich abgenommen; Hinweise auf den Feierabend häufen sich und heben die Stimmung im Inneren. Die gläserne Schiebetür wurde verschlossen, der Aktenstapel unter den Arm geklemmt, das Licht gelöscht. Das Schild »Anmeldung« weicht der Information »Geschlossen«. Die Grenzstelle ruht, das System nicht.

Atmosphären

Idealerweise schärft Warten die Sinne. Vor allem dann, wenn kein Telefonnetz zur Verfügung steht. Brummende Klimaanlagen verhindern im Strahlenkeller, dass sich die Dinge unzulässig aufheizen – klimatisch wie affektiv. Die Innenarchitektur ist in neutralen Tönen gehalten; ein Schwarz-Grau-Weiß-Spektrum mit gelegentlichen Ausbrüchen ins Blassgelbe und Fahlgrüne. Für Farbkleckse sorgen konsensfähige Druckgrafik oder moderne Klassiker; gern auch Porträts von pelzigen Robben / Rotkehlchen oder spektakuläre Naturfotografie. Lesestoff liegt längst nicht immer bereit – häufig nur wenige Angebote mit Krankheitsbezug. Alle Anwesenden müssen ohne Tageslicht auskommen – die Wartenden und erst recht das hier beschäftigte Personal, das nur in Pausen Licht und Luft schnappen kann.

Gerade im Gesundheitssystem steht die Arbeit an förderlichen Atmosphären allerdings unter Effizienzdruck. Es gibt aktuelle Studien und Zahlen zu einem höheren Sterberisiko für Schwerkranke durch möglichst billige Krankenhauskost in Deutschland.[1] Im Kleinen heißt es, nicht zu viel zu erwarten. Etwa von den Kabinen, in denen man zwischen äußerem Korridor und innerem Behandlungsraum wartet. Diese Zwischenzonen sind so nackt wie möglich, denn sie müssen schnell gereinigt werden. Weil alle hoffen, dass in ihnen gerade nicht mehr lange gewartet wird, scheint keine Ablenkung nötig. Und wartet man doch, wird man nicht von hyggeliger Gemütlichkeit träumen. Dafür sitzt man dank der Abschaltautomatik des Lichts nach wenigen Minuten halbbekleidet im Dunkeln.

---

1 *Mangelernährung – ein tödliches Risiko. Ernährungsmediziner fordern umfassende Maßnahmen gegen krankheitsbedingte Mangelernährung.* Pressemitteilung der Deutschen Gesellschaft für Ernährungsmedizin vom 12. November 2024 (https://www.dgem.de/pressemitteilungs-archiv-112024-0). Grundsätzlich weitergehend vgl. Anne Boyer, *The Undying. Pain, Vulnerability, Mortality, Medicine, Art, Time, Dreams, Data, Exhaustion, Cancer, and Care.* New York: Farrar, Straus and Giroux 2019.

Aber vielleicht steht der Gedanke dahinter, dass die Lage erträglicher wird, wenn man beim Warten nicht seine nackten Gliedmaßen betrachten muss? Noch vielschichtiger die Frage, was im avancierten Medizinsystem gezeigt und nicht gezeigt, gewusst und nicht gewusst werden kann. Mit dem Einsatz immer raffinierterer Bildgebungsverfahren verändert sich dieses Verhältnis kontinuierlich. Und erhält damit die Anforderung, immer mehr Daten und Bilder, Fertigkeiten und Prozesse zu synchronisieren – im kollegialen Fachgespräch und auch in der Interaktion mit der Patientin. Da auch hier Zeit Geld ist, stehen diese Gespräche unter einem steigenden Druck: Immer anspruchsvollere Übersetzungsleistungen müssen das Kunststück vollbringen, Unsicherheiten zu markieren, ohne dabei die Patientinnen zu verunsichern. Was nicht immer gelingt. In der Strahlenklinik verkündet die Oberärztin ominös: »Wir sehen alles.«

Immer die Frage, wer wen wie wovor schützt und womit konfrontiert. An manchen Tagen findet sich keine zufriedenstellende Antwort, und es kommt zu Verkettungen von Missverständnissen, zu Kaskaden von scheiternder Synchronisation, zu Verklumpungen von Catch-22-Situationen. Ein vom Chef beschlossenes, aber unangekündigtes CT, zu dem die nicht informierte Patientin nur unvorbereitet erscheinen kann. Der Abstimmungsfehler löst unter dem Fachpersonal Diskussionen über die Quantität des Inhalts von Darm und Blase für die Bildgenerierung aus. Diese Quantitäten sind offenbar relativ, und sie stehen in einem prekären Verhältnis zueinander. Ob sie stören oder helfen, ist erst in einem Trial-and-Error-Prozess absehbar, der weitere widersprüchliche Anweisungen hervorruft: um anderthalb Becher entleeren, oder um drei? Was tun, wenn die volle Blase sich völlig verkrampft abschottet und kein Tröpfchen mehr preisgibt? Versuchen Sie, den Darm, aber dabei nicht die Blase zu entleeren. Ich strenge mich an, und es gelingt, wird aber nicht belohnt. Eine weitere Ärztin bestraft die Musterschülerin: Das kann nicht sein; das schaffen nur ganz wenige. Da muss auch etwas aus der Blase gekommen sein.

Bevor ich zermürbt aufgebe und der Versuchung nachgebe, das Chaos persönlich zu nehmen, reicht die Kraft noch für eine robuste Drohkulisse. Diese führt zum Abschluss des CT und ruft ärztliche Betroffenheit auf den Plan sowie den Appell, auf jeden Fall als mündige Patientin das Gespräch mit der Ärztin zu suchen. Welche Patientinnen sind aber in der Lage, dieses Selbstbewusstsein aufzubringen? Wer hat es gelernt, wer verfügt über die Privilegien und Verbindungen, seine Rechte mit energischer Eloquenz einzufordern? Wo offene Türen erst einmal gut klingen, aber nicht in jeder Hinsicht Vertrauensstiftendes preisgeben, bleibt auch das Ideal der als mündig modellierten Patientin ambivalent: Gerade im Fall einer schweren Krankheit ist man zu schwach, selbstbewusst aufzumucken – man möchte einfach nur

„Ein Vergnügen und eine Zumutung, eine Inspiration und eine Provokation." *– FAS*

Der *MERKUR* im Abonnement

Ja, ich will den *MERKUR* abonnieren!

Jahresabo Print:
12 Ausgaben in der Printversion
152 € zzgl. Versand (D) 21,60 €;
(CH) 36 CHF; (EU) 31,20 €;
(übriges Ausland) 45,60 €

Jahresabo Digital:
12 Monate *MERKUR* digital:
Alle Ausgaben online und zum Download (ePub, MOBI, PDF) + freier Zugang zum Archiv mit allen Texten der Zeitschrift seit 1947.
152 €

Jahresabo Print + Digital
178 € zzgl. Versandkosten: (D) 21,60 €; (CH) 36 CHF; (EU) 31,20 €; (übriges Ausland) 45,60 €

Als Buchprämie wähle ich

● Martina Hefter   ● Venki Ramakrishnan   ● Peter Heather, John Rapley

Nach Ablauf eines Jahres ist das Abonnement monatlich kündbar.

_____

Datum, Unterschrift

MARTINA HEFTER

HEY GUTEN MORGEN, WIE GEHT ES DIR?

ROMAN

2024 deutscher buchpreis Roman des Jahres

Hey guten Morgen,
wie geht es dir?
Martina Hefter

DIE NEUE WISSENSCHAFT
DES ALTERNS UND DIE SUCHE
NACH DEM EWIGEN LEBEN

**WARUM
WIR
STERBEN**

Venki Ramakrishnan
Nobelpreisträger für Chemie

Warum wir sterben
Venki Ramakirshnan

Peter Heather & John Rapley

**STÜRZENDE
IMPERIEN**

ROM, AMERIKA
UND DIE ZUKUNFT
DES WESTENS

Stürzende Imperien
Peter Heather,
John Rapley

Wählen Sie *Ihre* Buchprämie

25EIN

Aboservice
+49 (0) 89 / 85 853 – 868 | klett-cotta@cover-services.de

Entgelt
zahlt
Empfänger

Absender

Vorname, Name

Straße und Hausnummer

PLZ und Ort

Telefon (optional für Rückrufe)

E-Mail

Deutsche Post **⟁**
ANTWORT

Leserservice
Verlag Klett-Cotta
Postfach 13 63
82034 Deisenhofen

funktionieren, mitarbeiten und dafür belohnt werden. Tumorbehandlung ist kein Partizipationswettbewerb.

Nach vielen Stunden der Odyssee zwischen CT-Vorbereitung und Patientinnentoilette wirkt die Station über dem Strahlenkeller wie eine friedliche Oase. Die Infusion muss auf den nächsten Tag verschoben werden. Am späten Nachmittag ein Anruf: Sie sollen zur Bestrahlung kommen. Wissen Sie, wo Sie hinmüssen? Vermutlich zu dem Gerät, an dem ich bisher bestrahlt wurde. Fehler: Auch hier wäre die aktiv nachhakende Patientin gefragt gewesen, womöglich verbindet sich mit der Frage die nicht artikulierte Information, dass es an einen anderen Ort geht. Im Keller angekommen, suche ich die Wartestühle vor dem vertrauten Gerät mit dem Namen »Ethos« auf. Keine Reaktion auf mein Klopfen. In der Luft hängt der Duft von Sagrotan; die Bodenfliesen zeigen feuchte Reinigungsstreifen. Einige Lichter im Flur beginnen sich abzuschalten; es herrscht tiefe Stille. Ich mache mich auf die Suche durch die nun vertrauteren Korridore und treffe auf die Oberärztin, die zuvor zu aktiver Ansprache ermutigt hatte. Sie führt mich zu einem Gerät neuerer Generation, das schicker aussieht und von anderen Mitarbeiterinnen bedient wird. Vorher lag ich in einer statischen Röhre, nun umschweben mich mobile Bestrahlungssonden wie die dicken Arme eines freundlichen Riesenkraken. Auf dem Boden an der Wand liegt ein Polster, das aussieht, als wohnte hier ein Hund. Aber es handelt sich nur um die Bettwurst für bequemeres Liegen. Auch gut. Fast so gut wie Bachs Kantate BWV 82, auf die ich im Schutz des Bademantels meines verstorbenen Vaters zum Ausklang dieses Tages zurückgreife. Ihr Titel: *Ich habe genug.*

Zwischentöne

Es ist natürlich nicht genug. Nicht genug, sich an Oberflächen und Atmosphären sattzusehen; nicht genug, genau hinzuschauen und dicht zu beschreiben, um durchzukommen und eine basale Distanz zum Geschehen zu wahren. Will man der Vielschichtigkeit der Dilemmata allein nur des Gesundheitssystems gerecht werden, stellt sich die alte soziologische Frage nach dem Verhältnis von Strukturen und Individuen immer wieder neu. Wo liegen die Kausalitäten in diesem Verhältnis – und wo lassen sich Hebel zur Beschreibung und Veränderung ansetzen? Beginnt es in den quantifizierbaren Patientendaten und Sozialstrukturen oder in den schwer zu erfassenden atmosphärischen Bedingungen, ihrer spezifischen Mischung aus Affekten und Materialitäten? Wie verhalten sich diese Perspektiven zueinander?

Alltagssprachliche Begriffe wie »Stimmung« und »Atmosphäre« sind seit einer Weile auch in sozialwissenschaftliche Forschung zu Organisationen und ihren Interaktionsmustern eingewandert. Hier reichern sie die Möglichkeiten dichter Beschreibung und Analyse einerseits an, produzieren andererseits aber auch weiter zu klärende argumentative Relationen. Je mehr Faktoren ins Spiel genommen werden, desto komplexer die heuristisch aufgespannten Beziehungsmuster: Welche Rolle spielen dann nichtmenschliche Artefakte und Wesen, Requisiten und Sinneseindrücke wie Müllbehälter und Seifenspender, Kameras und Kalender, Funktionsschuhwerk und Plastikhandschuhe, Lichtquellen und Geräuschkulissen? Bestimmen sie, im Namen eines deterministischen Atmosphären-Begriffs, das Verhalten von Menschen in Organisationen, oder werden sie aufgerufen, um diese zu ermächtigen, für bessere Verhältnisse zu sorgen?[2] Noch zeitgenössischer ausgedrückt, und methodisch relevant, kann man schließlich die Gretchenfrage der Gründer- und Innovationsszene stellen: »How do you scale?« Wie setze ich auch in einer dichten Beschreibung des medizinischen Komplexes die rahmenden Parameter so an, dass sich Großes und Kleines in Erkenntnis stiftender Weise beleuchten?

Wir retten uns gern in die Rede von »Wechselwirkungen«. Oder greifen zu strategischer Vereinfachung. In managementnaher Organisationsliteratur und ihrer eigenen »Poesie der Reformen«[3] wird daher die Frage nach dem Verhältnis von Individuen und Strukturen gern »charakterologisch« beantwortet: Dann geht es um »Haltung« und ihre Vorbildfunktion; um ein »Ethos«, das, ganz im Sinne des gleichnamigen Bestrahlungsgeräts, für ein gutes Binnenklima, eine ansprechende Atmosphäre, eine produktive »Kultur« zu sorgen vermag. Läuft alles rund, folgt das Team einer Führung, die auf dem neuesten Stand wertschätzender Leitung auch mit Störungen und Fehlern umgehen kann. Gesteuert werden solche Szenarien von der Hoffnung auf eine Art mimetischer Entzündung über organisatorische Ebenen hinweg: Produktive Verhaltensweisen können und müssen vorgelebt werden, damit sie sich einprägen, verbreiten und bewähren. Auch für diese Hoffnung spielt Skalierung eine entscheidende Rolle: Was im Kleinen gelingt, soll sich auf das Große übertragen. Und umgekehrt. Im Leitbild auf einem Plakat an einer

---

2   Vgl. dazu, unter anderen und mit Dank an Hannes Krämer: Gernot Böhme, *Atmosphäre. Essays zur neuen Ästhetik*. Berlin: Suhrkamp 2013; Robert Seyfert, *Das Leben der Institutionen. Zu einer Allgemeinen Theorie der Institutionalisierung*. Weilerswist: Velbrück 2011; Stephan Moebius / Sophia Prinz (Hrsg.), *Das Design der Gesellschaft. Zur Kultursoziologie des Designs*. Bielefeld: transcript 2012; Timon Beyes, *Organizing Colour. Towards a Chromatics of the Social*. Stanford University Press 2024.

3   Den Begriff entlehne ich von Niklas Luhmann, *Struktureller Wandel: Die Poesie der Reformen und die Realität der Evolution*. In: Wieland Jäger / Uwe Schimank (Hrsg.), *Organisationsgesellschaft. Facetten und Perspektiven*. Wiesbaden: VS 2005.

Wand ist das so formuliert: »Wir sind stolz darauf, ungeachtet der Größe eines Universitätsklinikums, einen familiären Charakter bewahrt zu haben.«

Optimistisches Organisationsdenken korreliert im Gesundheitssystem mit einer Technologiegläubigkeit, die auch andere Bereiche unserer Gesellschaft in Bann hält – und nur schwer mit einer vielleicht typisch deutschen Skepsis gegenüber technischen Innovationen zu verbinden ist. Gerade fachliche Hochleistungseinrichtungen stehen unter einem enormen Kommunikations-, Synchronisations- und Rechtfertigungsdruck: Es herrscht kontinuierlicher Bedarf an Abstimmungen, Aufklärung, Orientierung, Klarstellung in Prozessen, an denen (zu) viele beteiligt sind. Gerät etwas dazwischen – aus häufig völlig banalen Gründen –, sind gerade diese Systeme extrem störanfällig. Wie kann diesen irreduziblen Unwägbarkeiten entgegengearbeitet werden? Es gälte gerade hier, eine Kunst des Umgangs mit dem Nichterwarteten zu entwickeln. Diese Kunst müsste in der Aus- und Weiterbildung der Fachkräfte verpflichtend vermittelt und mutig verkörpert werden. Idealerweise gerade nicht im Herunterbeten kommunikativer Buzzwords, die glauben machen sollen, dass nur das Vertraute und gut Eingespielte störanfällige Interaktionen zu stabilisieren vermag. Man wird sich mehr anstrengen und sich den Zusammenhängen von institutioneller und epistemischer Komplexität stellen müssen.

Ausblicke

Trotzdem ein weiterer Blick aus dem Fenster: Dort liegt der Hubschrauberlandeplatz auf einem der Klinikdächer nicht nur inmitten einer von Sparzwängen gezeichneten Patchwork-Architektur, sondern auch unter dem Himmel einer spezifischen Stadt und Region. Die hochkomplexe Systeminfrastruktur muss in eine Außenwelt hinein atmen; sie ist verbunden mit Demografie, Wirtschaftskraft und Verkehrswegen; mit Dialekt und Mentalität, mit Lebensformen und »ways of doing things«, die wir nicht immer benennen, aber erkennen können.

Woran? Vielleicht an dem Hammer, den ein Pfleger beim Erstkontakt auf der Station in der Hand hält: Ein Bett war kaputt, musste repariert werden. Kein schlechtes Zeichen zum Einstand. Weniger beruhigend dagegen die Vorfälle vor einigen Monaten in einer anderen Essener Klinik. An einem Freitag im Oktober war diese umlagert von Polizei und Fernsehteams, denn am frühen Morgen hatten zwei Männer einen Behandlungsraum demoliert und mehrere Mitarbeiterinnen verletzt, nachdem es nicht gelungen war, ein Familienmitglied zu reanimieren. Der Angriff reicht tief in die Konfliktgeografie der segregierten Stadt: Die Täter werden mit den »Clan-Strukturen« einer

Parallelgesellschaft im Essener Norden assoziiert; ein Gynäkologe der Klinik berichtet, dass er aufgrund seines eigenen migrantischen Hintergrunds geschützt sei, seine deutschen Kolleginnen sich aber täglich mit der Herablassung und den Anfeindungen der Vertreter patriarchalisch organisierter muslimischer Familien zu arrangieren hätten. Kurz vor dem Angriff auf die Klinik war es in Essen zu einer Gewalttat gegen Frauen gekommen. Nachdem ein Syrer zwei Wohnungen in Brand gesetzt hatte, um sich an seiner früheren Partnerin zu rächen, war es der mutigen Hilfe der migrantischen Nachbarschaft und insbesondere dem Einsatz einiger »Altenessener Jungs« zu verdanken, dass mehrere Kleinkinder gerettet werden konnten.

Die Uni-Klinik und das Krupp-Krankenhaus liegen im privilegierten Essener Süden; weitere Krankenhäuser knapp südlich der sozialen Grenze, die die Stadt teilt. Wandert man vom Elisabeth-Krankenhaus in das Ausgehviertel Rüttenscheid, führt dies durch Straßen, die plötzlich an die Darmstädter Mathildenhöhe erinnern, und inmitten eines kleinen Parks zeigen sich verträumte Tennisplätze voller Herbstlaub, die mich an Bloomsbury denken lassen. Es hat politische und soziale Bedeutung für die Stadtgesellschaft, wo man Kliniken baut. Davon berichtet eine Schwester, die seit vierzig Jahren tätig ist und ihre Abteilung mit unendlicher Freundlichkeit, Geduld und Präzision zu einem *hortus conclusus* der Chemotherapie mitgestaltet. Ich erlebe sie, wie sie an einem Montagmorgen bei hohem Krankenstand unter großem Zeitdruck Sachstände aufarbeitet, Informationen koordiniert, Medikamente inventarisiert, heikle Infusionen legt und die aggressive Logorrhöe einer Patientin gelassen ignoriert. Die Quellen ihrer Kraft, erfahre ich in Gesprächen, liegen in einem großen Garten, im Chorsingen und der Arbeit für eine Kirchengemeinde im Essener Norden. In dieser Gegend sollte vor einigen Jahren eine neue Klinik errichtet werden – für die engagierte Krankenschwester ein vielversprechendes Projekt, das die Nachbarschaft hätte neu prägen, weitere Einrichtungen anziehen können. Leider kam es nie zum Bau; die erhoffte Strukturentwicklung ist ausgeblieben. Ich beschließe, der Schwester Anna Katharina Hahns Roman *Der Chor* zu schenken, weil darin das Gemeinschaftsprojekt eines Chors eng mit der Eigenlogik einer Stadt und ihren Gärten verwoben wird. Und weil das hier entworfene Frauenensemble auch ein Licht auf das Gesundheitssystem werfen kann: Was bedeutet es nämlich, dass sich dieses bis zur Ebene der Oberärzte radikal verweiblicht hat?

Ich möchte probieren, mit Antworten zu warten. Um zu beschreiben, was ich bis jetzt schon gelernt habe, brauche ich die Begriffe »Diversität« und »Inklusion« nicht. Besser passt es, nach gemischten Ensembles Ausschau zu halten. Das beginnt im Zweibettzimmer. Eine Zimmernachbarin bekämpft drei Kiefertumore, indem sie sich auf ihre vielen Enkel und Urenkel konzentriert, zu denen endlich auch eine Urenkelin dazugekommen sei. Sie ist ihr Leben lang Taxi gefahren und war früher vielleicht so etwas wie eine schnelle Gerdi des Ruhrgebiets. Oder zuvor die rumänische Reinigungskraft, die sich so kraftvoll ihre Autonomie erarbeitet hat, dass Friedrich Merz sie als Postergirl für eine neue Kampagne zu »Fordern statt Fördern« buchen könnte. Sie hat erfolgreich für ihren Adoptivsohn gesorgt und freut sich gerade an einem dreibeinigen Dackel, der auch mal Perlenkette tragen darf. Und all das ginge auch ohne den rheinischen Banker im Frühruhestand, mit dem sie verheiratet ist.

Eine höher akkumulierte Schwarmintelligenz zeigt sich in den gemischten Pflegeteams, die gerade im Ruhrgebiet in so vielen Akzenten sprechen. Hier hat sich ein robustes Wissen dazu angesiedelt, wie man angesichts von Sparzwängen und Personalmangel täglich durchkommt. Ich erlebe eine Kunst des »muddling through« auf hohem Niveau. Und erkenne ein Wissen darum, wer im Team was besonders gut kann – über Geschlechtergrenzen hinweg. So überließen es die Kolleginnen ganz selbstverständlich dem mittelalten Kollegen mit dem leisen ungarischen Akzent, mich in einem Moment großer Schwäche zu stützen und zu beruhigen. Dies beherrscht er mit eben dem intuitiven und erfahrungsgesättigten Gespür, mit dem auch die junge Gynäkologin an einem späten Freitagnachmittag nach ihrem Schichtende den Tumor sicher ertastet hatte und den Schmerz dadurch linderte, dass sie mit dem kleinen Finger meinen Oberschenkel kreisend streichelte.

Was sich hier zeigt, ist weniger die »Haltung« als Schwundform bürgerlichen Wunschdenkens, sondern ein hochausgebildetes situatives Fingerspitzengefühl mit einer Resonanz weit über seinen direkten Einsatzort hinaus.[4] Von ihm versuche ich zu lernen – welches Wissen hat sich hier entwickelt und wie muss es kontinuierlich angepasst werden, wenn zum Beispiel in einer komplexen Therapieanwendung Hochleistungsrechnen, fein kalibrierte Bildgebung und anspruchsvollste Handarbeit an einer nicht anästhesierten Patientin aufeinander abgestimmt werden müssen? Wie können solche Fähigkeiten als Taktgefühl im Sinne eines *sense of timing* weitergegeben werden?

Es könnte helfen, sich diesem Wissen nicht identitätspolitisch, sondern epistemisch zu nähern. Also nicht primär über die Frage, ob jemand angemessen dabei und repräsentiert ist. Genauer zu betrachten wäre stattdessen, was ich von diesen so unterschiedlichen Personen lernen kann, weil sie anderes erlebt haben und anderes können als ich. Darauf kann ich zumindest in einer Situation wie im Ruhrgebiet zählen, wo eine starke soziale Durchmischung

---

4 Systematisch dazu Niklas Barth, *Takt: Soziologie aufrichtiger Unaufrichtigkeit.* In: *Zeitschrift für Theoretische Soziologie* (im Druck).

der Gesellschaft nahelegt, diesen Alltagstatbestand als niederschwelligen Hebel zu nutzen, um Neues zu erfahren. Diese Möglichkeit winkt nicht erst im Ausnahmezustand einer schweren Krankheit. Versucht man, dieses Verhalten im Alltag einzuüben, geraten wieder erinnerte Konzepte wie Solidarität und Gemeinsinn in den Blick. Vielleicht können wir geschundene Institutionen besser schützen, wenn wir sie nicht allein moralisch-normativ, sondern auch epistemisch fundieren: Es ist auch eine Frage der Neugierde, seine soziale Imagination so zu trainieren, dass man Unerwartetes über seine Mitmenschen und Umgebungen lernt. In diesem Sinne fällt es mir schon viel leichter, von »meiner Stadt« zu sprechen und zu schreiben. Von den Leuten, die ich ohne Krankheit verpasst hätte.

Ein konsistenter neuer Ton konnte mit der Suchbewegung, die zu diesem Text geführt hat, noch nicht erreicht werden. Ohne einen tentativen, explorativen Wechsel zwischen Distanz und Nähe, Großem und Kleinem, Beobachtung und Bewertung wäre ich nicht weitergekommen.[5] Noch erscheint diese Inkonsistenz – als Fähigkeit zum Positionswechsel – lebenswichtig. Wie auch frische Luft, trotz wachsender Schwäche; auch als Festhalten daran, rauszugehen und sich überraschen zu lassen. Nach einer weiteren Abstimmungspanne trotte ich an der klinikeigenen Pommesbude in Form eines glänzenden Trailers vorbei. Es bestellt gerade eine Frau mit langen grauen Haaren, auf deren linkem Arm ein schöner Raubvogel sitzt. Sie ordert eine Geflügelbratwurst.

---

5   Und ohne die genauen und unterstützenden Lektüren von Annette Pehnt, Anne Brüggemann, Niklas Barth, Felicitas Hoppe, Hanna Engelmeier, Hubert Spiegel, Anna Kosmützky und Matthias Koenig auch nicht.

Trevor Jackson
Nie zu viel

Martin Wolf und wie er die Welt sieht

Etwas ist ganz furchtbar schiefgegangen. In seinem Buch *Why Globalization Works* von 2004 schrieb der Wirtschaftsjournalist Martin Wolf, die »liberale Demokratie« sei »das einzige politische und ökonomische System, das nachhaltigen Wohlstand und politische Stabilität hervorbringen« könne. Damit hat er dem allgemeinen Konsens der Eliten der damaligen Zeit Ausdruck gegeben, dem Glauben daran, dass der liberale demokratische Kapitalismus nicht nur eine kohärente Form der gesellschaftlichen Organisation, sondern gar die bestmögliche ist – wie der Sieg des Westens im Kalten Krieg demonstrierte. Er fügte hinzu, dass Kritiker, die »sich beschweren, dass Märkte Amoral fördern und gesellschaftlich unmoralische Konsequenzen wie massive Ungleichheit nach sich ziehen, im Wesentlichen falsch« lägen. Er kam zu dem Schluss, dass eine Marktwirtschaft das einzige Mittel dazu sei, »Individuen die Gelegenheit zu geben, das zu suchen, was sie im Leben ersehnen«.

Wolf schrieb diese Worte mitten in der vier Jahrzehnte andauernden globalen Marktexpansion. Während der 1990er Jahre hatten die von Margaret Thatcher, Ronald Reagan und François Mitterand in Großbritannien, den USA und Frankreich geführten Regierungen die Privatisierung öffentlicher Güter und Dienstleistungen, die Streichung wohlfahrtsstaatlicher Vorsorge und die Deregulierung der Märkte durchgesetzt. Gleichzeitig brachte ein Bündel von zehn Maßnahmen, das unter dem Namen »Washington Consensus« bekannt wurde (weil sich IWF, Weltbank und US-Finanzministerium einig waren), nach einer Reihe von Staatsschuldenkrisen Privatisierung, Liberalisierung und Globalisierung auch nach Lateinamerika. In den 1990er Jahren transformierte ein ähnliches Bündel, damals als »Schocktherapie« bekannt, die früheren kommunistischen Ökonomien plötzlich in freie Märkte. Rund um den Globus, und ganz besonders in den sich rasant industrialisierenden Ländern Ostasiens, brachten nach der Finanzkrise von 1997 politische Maßnahmen zur »Strukturanpassung«, die der IWF zur Voraussetzung für Rettungspakete machte, ebenfalls Liberalisierung, Privatisierung und Haushaltsdisziplin. Ganz dieselben Maßnahmen wurden nach 2009 in der europäischen Peripherie, in Portugal, Irland, Italien, Griechenland und Spanien, erneut durchgedrückt, entweder als Bedingung für Rettungspakete oder durch fiskale Restriktionen der EU oder eine restriktive Politik der Europäischen Zentralbank. Heute finden sich in allen Bereichen des menschlichen Lebens weitaus mehr Märkte als jemals zuvor.

Der nachhaltige Wohlstand und die politische Stabilität, die diese Maßnahmen schaffen sollten, haben sich als flüchtig erwiesen. Die globale Wirtschaft hat seit den achtziger Jahren manche Erschütterung durch Finanzkrisen erlebt. Lateinamerika hat ein »verlorenes Jahrzehnt« ohne Wachstum durchlitten. Die neunziger Jahre in Russland waren schlimmer als die Depression der zwanziger und dreißiger Jahre in Deutschland und den Vereinigten Staaten. Die Austeritäts- und Hochzinspolitik nach der Krise von 1997 in Ostasien hat die finanzielle Stabilität wiederhergestellt, aber um den Preis von Rezessionen, was zu politischer Instabilität und der Abwahl der regierenden Parteien in Indonesien, den Philippinen und Südkorea beitrug. Ganz Ähnliches geschah dann wieder nach 2009/10. Die Wachstumsraten weltweit lagen in der Ära der Globalisierung etwa halb so hoch wie in den weniger globalisierten Nachkriegsjahrzehnten. Rund um die Welt gewinnen brutale rassistische Demagogen die Wahlen, und so sehr sie mit der Idee des Privateigentums sympathisieren, so wenig halten sie von Rechtsstaatlichkeit, politischem Liberalismus, Freiheit des Individuums und anderen angeblichen Voraussetzungen und kulturellen Begleitumständen der Marktwirtschaft. Sowohl die Demokratie als auch die Globalisierung scheinen in der Praxis wie ideologisch auf dem Rückzug. Oder, wie Wolf in seinem neuen Buch, *The Crisis of Democratic Capitalism*, schreibt: »Unsere Ökonomie hat unsere Politik destabilisiert, und umgekehrt. Es gelingt nicht mehr, die Operationen der Marktwirtschaft mit stabilen liberalen Demokratien zu kombinieren. Ein Hauptgrund dafür ist die Tatsache, dass die Wirtschaft nicht die Sicherheit und den weitreichenden Wohlstand liefert, die große Teile der Gesellschaft erwarten. Ein Symptom dieser Enttäuschung ist der massive Vertrauensverlust gegenüber Eliten.«[1] Was ist geschehen?

Martin Wolf ist wahrscheinlich der einflussreichste Kommentator der Ökonomie in der englischsprachigen Welt. Er ist seit 1987 der Chef-Leitartikler der *Financial Times*, seit 1996 ihr leitender Wirtschaftsanalyst. Er hatte Ökonomie in Oxford studiert, ab 1971 bei der Weltbank gearbeitet, davon drei Jahre als leitender Ökonom, ein Jahr lang saß er an dem 1978 veröffentlichten ersten *World Development Report*. Dies ist sein fünftes Buch seit dem Wechsel zur *Financial Times*. Die Blurbs und Danksagungen sind gespickt mit den Namen von Zentralbankern, Financiers, Nobelpreisträgern und akademischen Celebrities. Die Bibliografie enthält 69 Verweise auf Martin Wolf selbst.

---

1   Martin Wolf, *The Crisis of Democratic Capitalism.* London: Penguin 2024.

Wolfs Diagnose lässt sich unmöglich bestreiten: »Weder Politik noch Ökonomie werden ohne ein substantielles Maß an Ehrlichkeit, Vertrauenswür-
digkeit, Zurückhaltung, Wahrhaftigkeit und der loyalen Bindung an geteilte
politische, rechtliche und andere Institutionen funktionieren.« Aber all diese
Werte sind, wie er feststellt, in der ganzen Welt in die Krise geraten. Insbeson-
ders seit 2008 »haben die Menschen das Gefühl, dass das Land nicht für sie
regiert wird, sondern für ein schmales Segment gut vernetzter Insider, die die
meisten Gewinne abschöpfen und, wenn etwas schief geht, nicht nur gegen
die Verluste abgeschirmt sind, sondern allen anderen auch noch massive Kosten aufbürden«. Wolf beschreibt detailliert die fehlgeleitete Austeritätspolitik
in den USA und Europa, den Aufstieg eines verschwenderischen und extrakti-
ven Finanzsektors, die Atomisierung und Verelendung einst gewerkschaftlich
abgesicherter Arbeiter, die Allgegenwart der Steuervermeidung und -flucht
sowie das sich über Jahrzehnte akkumulierende Versagen der Eliten.

Den meisten ist nicht verborgen geblieben, »dass dieses Versagen nicht einfach das Ergebnis von Dummheit ist, sondern der intellektuellen und moralischen Korruption der Entscheider und Meinungsmacher auf allen Ebenen – im Finanzsektor, in den Regulierungsbehörden, der Wissenschaft, den
Medien und der Politik«. Deshalb die Konklusion: »Ohne ethische Eliten
wird Demokratie zu einem demagogischen Spektakel, hinter dem sich eine
plutokratische Realität verbirgt. Das ist zugleich ihr Tod.« Vierzig Jahre der
Korruption unserer plutokratischen Eliten haben nun zu etwas geführt, das
Wolf als alarmierende populistische Reaktion betrachtet. Die Wähler, und
ganz besonders die jungen in den Kernländern des demokratischen Kapitalismus, haben den Glauben an die Macht der Märkte und des Liberalismus
verloren. Ernstzunehmende internationale Rivalen sind aufgetaucht, in Gestalt eines »demagogischen autoritären Kapitalismus« in Ländern wie der
Türkei und Russland und eines »bürokratischen autoritären Kapitalismus«
in China. Wolf betrachtet diese Systeme, anders als frühere Systemrivalen
wie den Kommunismus, als ernstzunehmende Bedrohungen. Der liberale
demokratische Kapitalismus ist in Gefahr, von innen wie auch von außen.

Es ist ein düsteres Bild, und eines, dem so ziemlich jeder Leser, egal wel-
cher politischen Ausrichtung, zustimmen kann. Für Wolf jedoch verlangen
diese epochalen globalen Krisen keinen radikalen Wandel. Das Motto des
Buches (wie er es formuliert) lautet »Nie zu viel«, und er behauptet, dass
»Reform nicht Revolution ist, sondern das Gegenteil«. Er zeigt durchgehend
Verachtung für jede Form struktureller Veränderung, sieht immer gleich den
Despotismus als Ergebnis utopischen Denkens und zitiert Edmund Burke
über die Unmenschlichkeit und Unmöglichkeit, eine Gesellschaft auf dem
Boden von Grundprinzipien neu zu errichten.

Was er bevorzugt, ist »kleinteiliges Social Engineering«, eine Idee, die er von dem unkonventionellen libertären Philosophen Karl Popper übernimmt und die er so deutet, dass es dabei um »Veränderungen zur Heilung spezifischer Übel« geht. Seine zielgerichteten Lösungsansätze für die spezifischen Übel, die die globale Krise des demokratischen Kapitalismus ausmachen, reichen vom Kraftlosen bis zum Surrealen. Beispielsweise die Idee, »die Kapitalflussrechnungen des öffentlichen Sektors durch ausgearbeitete Bilanzen und Abgrenzungskonten« zu ergänzen, oder die Anforderung für Unternehmen, »exzellente Buchhaltungsstandards« und sorgfältige, unabhängige Prüfer einzusetzen. Beides absolut begrüßenswert und ja, vielleicht würden sie am Rande dabei helfen, den Griff der Plutokraten zu lösen.

Dazu kommen repressiv-technokratische Standardvorschläge. Wolf lehnt das kostenlose Studium ab, denn dann würden zu viele Menschen studieren und das käme die Regierung zu teuer, außerdem bezweifelt er, dass Steuerzahler die tertiäre Bildung als universales Recht garantieren sollten. Er glaubt, dass »die Immigration Kontrollen unterworfen werden muss, die einerseits das ökonomische Potential erkennen und andererseits politisch akzeptabel und effektiv sein sollten«. Er findet, »dass leistungsorientierte Pensionen durch großangelegte beitragsorientierte Pensionsfonds ersetzt« werden sollten. Deren Treuhänder sollten »die Möglichkeit haben, die Renten im Lichte der Investitionsleistung anzupassen«. Schwer vorstellbar, dass viele Menschen auf demokratischem Wege einem solchen System zustimmen würden, in dem nichtgewählte Treuhänder ihre Pensionen kürzen, wenn es dem Aktienmarkt schlecht geht. Und es gibt auch gute Gründe, zu denken, dass Bildung sowohl dem Kapitalismus als auch der Demokratie zugutekommt.

Andere seiner Ideen sind mindestens so utopisch wie eine Wahlkampfrede von Bernie Sanders oder Jeremy Corbyn. Die hier zum Beispiel, die das Problem der Steuerparadiese betrifft: »Wenn etwa die USA ihren Tech-Firmen klarmachen würde, dass sie, wenn sie ihre Profite in Ländern mit niedriger Unternehmenssteuer versteuern, nicht mehr am US-Markt teilnehmen dürften, wäre mit diesem Unsinn über Nacht Schluss.«

Oder die Idee, die er von seinem Kollegen Raghuram Rajan übernimmt, dass Länder, die mehr Kohlenstoff als der globale Schnitt emittieren, in einen gemeinsamen Anreizfonds einzahlen sollten, der durch Geldtransfers an die Länder des globalen Südens umverteilt werden würde. Oder die Vorstellung, dass die Vergütung von Führungskräften in näherer Zukunft »überdacht« werden könnte oder dass man Arbeitgeber mit dem Verweis auf Mäßigung und Expertise überzeugen könne, »ihre Angestellten mit Würde und Respekt zu behandeln«. Wolf hält es für essentiell, dass Grubenarbeiter in der Demokratischen Republik Kongo an den Gewinnen aus dem Kobaltabbau beteiligt und von den Bergbauunternehmen und Eliten mit Sorgfalt und Respekt behandelt werden sollten. Er hält es tatsächlich für möglich, dass es einen reformistischen Weg zu diesem Ziel gibt.

Wir können uns wahrscheinlich darauf einigen, dass all das wünschenswert ist. Schwer vorstellbar ist allerdings der Prozess, der dazu führen könnte, dass die amerikanische Regierung auf irgend glaubwürdige Weise Google oder Apple klar macht, sie dürften nun nicht mehr im US-Markt agieren. Wie genau gelangt man auf gemäßigte Weise und Schritt für Schritt dahin, dass Kindersklaven im Kongo mit Würde und Respekt behandelt werden? Wie kommen wir von unserer in eine Welt, in der die US-Regierung in einen globalen Klimawandelfonds einzahlt, der Geld ins subsaharische Afrika schickt?

Tatsächlich geht es in dem Kapitel, das auf Wolfs Wirtschaftsreformvorschläge folgt, um Politik. Man könnte eine praktische, brauchbare Theorie des politischen Wandels erwarten, inklusive eines Mechanismus, der erklärt, wer dieses Schritt für Schritt vorangehende soziale Ingenieurwesen anleiten und wie er dabei vorgehen soll. Leider Fehlanzeige. Wolf hat ein paar genauso unwahrscheinliche Ideen für politische Reformen: Vielleicht sollten jüngere Wählerinnen und Wähler mehr Stimmen haben als ältere, oder vielleicht sollten Eltern, wie sich das auch J.D. Vance in seiner verschwitzten Fantasie vorstellt, für ihre Kinder abstimmen können, damit Wahlen die Zukunft stärker einkalkulieren. Wolf gefällt die Idee eines »aus Ernannten zusammengesetzten Hauses der Verdienste«, mit Menschen, die sich »in Kunst, Wirtschaft, Sport und verschiedenen anderen Bereichen« ausgezeichnet haben, denn »nichtgewählte Senate können sehr wertvoll sein, wenn sie richtig aufgebaut und geführt werden. Ein zweites gewähltes Haus scheint dagegen weit weniger nützlich zu sein.« Es bleibt der Leserin überlassen, sich den maßvollen Prozess der Abschaffung des Senats und seiner Ersetzung durch ein Organ nichtgewählter herausragender Individuen auszumalen. Gelinde gesagt ist es eher unwahrscheinlich, dass sich die Demokratie auf diesem Weg vor den Plutokraten retten lässt.

Dieser enttäuschendste Moment des Buchs ist auch der erschreckendste, denn was Wolf nun anstelle einer plausiblen Theorie des politischen Wandels folgen lässt, sind acht Seiten, auf denen er diverse Kritikpunkte an der Demokratie als solcher beschreibt und zurückweist, beginnend mit der Behauptung, Wähler seien tribalistisch, ignorant und hätten kein Bewusstsein für das, was in ihrem eigenen Interesse liegt. Das macht jedenfalls deutlich, wen er für sein Publikum hält. Anders als andere Bücher über den traurigen Zustand der Welt, von denen die meisten mit einem Kapitel enden, in dem der Autor oder die Autorin darüber nachdenkt, wie man politische Macht erlangen kann, um ökonomischen Wandel zu bewirken, geht Wolf davon aus,

dass seine Leserschaft bereits im Besitz der Macht ist und nur davon überzeugt werden muss, dass die Demokratie bewahrenswert ist.

Mehr als das alte Churchill-Klischee fällt ihm dabei nicht ein: Demokratie
ist das schlechteste System, sieht man einmal von allen anderen ab. Churchill
hat das 1947 in einer Parlamentsdebatte gegen die von Labour vorgeschlagene
Reform des Oberhauses gerichtet. Es war das Jahr der Unabhängigkeit In-
diens – der sich Churchill jahrzehntelang widersetzt hatte mit der Behauptung, Demokratie »östlich von Suez« sei schlicht nicht möglich.

Wolfs eigentliches Ziel liegt im moralischen Appell. Er hat absolut kein
Interesse daran, die gegenwärtigen Eliten zu entfernen oder durch andere zu
ersetzen. Und ganz sicher auch nicht daran, eine Gesellschaft ohne Eliten zu
schaffen, oder mit Eliten, deren Macht, Schaden anzurichten, systematisch
beschränkt wird. Stattdessen hofft er, unsere verschwenderischen Eliten zu
tugendhafterem Verhalten ermahnen zu können. Es wäre ihm lieber, sie
folgten Recht und Gesetz, statt ihre Verachtung für normale Menschen zu
zeigen. Es wäre ihm lieb, sie zeigten sich ehrlicher und zurückhaltender und
treuer gegenüber den Institutionen. Er will, kurz gesagt, das Gewissen der
globalen Bourgeoisie wachrütteln und ein tugendhaftes Klassenbewusstsein
erzeugen, das dann in der Lage ist, die von ihm geschaffenen Probleme selbst
zu beseitigen. Er fürchtet allerdings, dass es im Gegenteil dabei ist, seine eigenen Totengräber zu erschaffen, in der Zwillingsgestalt von ressentiment-
geladenen populistischen Demagogen und eines effizienteren chinesischen
Staatskapitalismus.

Was diesen Teil der Analyse angeht, möchte man Wolf nicht widersprechen.
Aber wann haben unsere Entscheider und Meinungsbildner ihre moralische
Orientierung eigentlich verloren? Die Einsicht, dass Eliten sich nur sehr
schwer auf Tugendhaftigkeit einschwören lassen, ist schließlich alles andere
als neu. Der erste systematische Versuch, das zu verändern, der mir in den
Sinn kommt, geht auf Petrarca zurück, der im 14. Jahrhundert davon überzeugt war, dass die korrupte und ungerechte Welt um ihn herum auf einen
moralischen Verfall der Christenheit zurückzuführen sei. Seiner Ansicht nach
waren daran insbesondere die mittelalterlichen Rechtsschulen von Bologna
und Padua schuld, die weltliche Naturwissenschaften und aristotelische Philosophie lehrten, anstatt Moral zu vermitteln. Petrarca setzte dem eine andere
Form der Bildung entgegen, die *studia humanitatis*, also das, was wir heute
Geisteswissenschaften nennen.

Der anschließende lange Bogen höherer Bildung mit moralischem Anspruch, vom Renaissancehumanismus bis zum bürgerlichen Tugendideal der
Aufklärung, brachte die Art von Eliten hervor, die Wolf zu vermissen scheint.

Das Jahr 1870 gilt ihm als »Beginn des Zeitalters des demokratischen Kapitalismus«, ein Zeitalter des Wahlrechts und der guten Regierungsführung, das entstand, weil »der Marktkapitalismus eine egalitärere Politik erforderte«. Eine derart wohlwollende Synopsis hätte die rechtlosen Frauen und die besitzlosen Männer des späten 19. Jahrhunderts zweifellos überrascht, ganz zu schweigen von den Millionen von Untertanen in Großbritanniens Kolonialreich. Die Eliten des britischen Empire, die alle über eine solide geisteswissenschaftliche Ausbildung verfügten, führten Kriege, tolerierten Hungersnöte, bauten extraktive Kolonialwirtschaften auf und begingen gelegentlich regelrechten Völkermord. Mögen sie sich einander auch noch so sehr durch die Loyalität zu politischen und rechtlichen Institutionen verbunden gefühlt haben – diese Institutionen waren gewalttätig, ungleich und ausbeuterisch.

All das erwähnt Wolf mit keinem Wort, aber selbst seine Geschichte von der »professionellen Regierung«, die seit den 1870er Jahren bewusst globale Märkte für Land und Arbeit geschaffen und Systeme des kommerziellen Wettbewerbs und der monetarisierten Wirtschaft entwickelt habe, klingt nicht nach schrittweisem, gezielt angestrebtem sozialem Wandel. Für die Menschen, die den Aufstieg des demokratischen Kapitalismus miterlebten, hatte er vielmehr den Charakter einer Revolution. Wolfs historische Darstellung geht eigentlich nur auf, wenn man ernsthaft annimmt, eine Reihe begüterter Eliten, die sich zuvor jahrhundertelang dem lauteren Ziel verschrieben hatten, Liberalismus, Demokratie und freie Märkte hervorzubringen, hätten irgendwann innerhalb der letzten zwei Jahrzehnte kollektiv ihren moralischen Kompass verloren.

Eine substantiellere, wenn auch für Wolf undenkbare Erklärung wäre mit dem Eingeständnis verbunden, dass der Kapitalismus der freien Marktwirtschaft und die liberale Demokratie schlicht nichts miteinander zu tun haben – ja sich womöglich sogar widersprechen. Bei Wolf treten Wirtschaft und Politik als »symbiotische Zwillinge« auf (eine Analogie, die nebenbei von wenig biologischer Sachkenntnis zeugt); zugleich besteht er darauf, wir hätten es bei Kapitalismus und Demokratie – sehr spezifischen Ausformungen von Wirtschaft und Politik – mit einer »schwierigen Ehe« zu tun. Dabei gehen beide Sphären von völlig unterschiedlichen Voraussetzungen aus. Die Demokratie beruht auf formaler und materieller Gleichheit: eine Person, eine Stimme. Der Kapitalismus tut das nicht, er ist vielmehr unvereinbar mit materieller Gleichheit; es gibt nun einmal Menschen, die über Besitz verfügen, während andere nur auf ihre Arbeitskraft zurückgreifen können, es gibt Erfolg und Misserfolg, Reich und Arm. Im Kapitalismus geht es um Eigeninteresse und privaten Gewinn; in der Demokratie geht es um öffentliches Interesse und zivilgesellschaftliche Verantwortung. Die moralischen Rechtfertigungen des

Kapitalismus drehen sich um persönliche Leistung, Effizienz und individuelle Risikobereitschaft, also um Eigenschaften, die allesamt keine wichtigen Legitimationsgrößen für die Demokratie darstellen. Der Kapitalismus basiert auf atomisierten Individuen, die Demokratie auf gemeinsamen Öffentlichkeiten.

Selbst die Idee der Freiheit, die Wolf als wesentlich für beide Sphären ansieht, ist jeweils eine radikal andere. Das Privateigentum, das den Kern des Kapitalismus ausmacht, steht uneingeschränkter Freiheit grundlegend entgegen, weil Eigentum all diejenigen, die es besitzen, in die Lage versetzt, alle anderen von einem Teil der Welt auszuschließen. Ich bin nicht frei, in Ihrem Haus zu wohnen oder vielleicht sogar über Ihr Land zu gehen. Ich bin nicht frei, Ihr Abendessen zu essen, auch wenn ich hungrig bin und Sie es wegwerfen wollen – selbst wenn ich es gekocht hätte. Daher die grundlegende Erkenntnis von Amartya Sen und Jean Drèze, dass es zu Hungersnöten kommen kann, ohne dass dabei irgendjemandes Eigentumsrechte verletzt würden. Die Freiheit auf kapitalistischen Märkten beinhaltet die Freiheit der Eigentümer, ihr Eigentum zu nutzen und darüber zu verfügen, einschließlich der Freiheit der Unternehmer, ihre Unternehmen als kleine Diktaturen und nicht als repräsentative Gemeinwesen zu führen. Sie wählen Ihren Chef nicht, geschweige denn stimmen Sie über Ihre Löhne oder Arbeitszeiten ab. Die Politikwissenschaftler Corey Robin und Alex Gourevitch gehen sogar so weit, Arbeitsplätze grundsätzlich als Orte der Unfreiheit zu charakterisieren (was überzogen klingen mag, aber doch plausibel wird, wenn man bedenkt, dass viele Arbeitnehmer nicht einmal frei, sprich: ohne Erlaubnis ihrer Vorgesetzten, darüber entscheiden können, wann sie auf die Toilette gehen).

Die Vorstellung von der natürlichen Harmonie zwischen Kapitalismus und Demokratie ist ein Relikt der Ideologie des Kalten Krieges. Anders als Wolf uns glauben machen möchte, gab es im 19. Jahrhundert keine große Überschneidung zwischen Kapitalismus und Demokratie: Das britische Empire und die Vereinigten Staaten waren keine Orte mit einem egalitären allgemeinen Wahlrecht. Die Befürworter des Marktliberalismus seit John Locke waren ständig in Sorge, ein allgemeines Wahlrecht könnte dazu führen, dass die Armen über die Enteignung der Reichen abstimmen dürften. Kein Wunder, dass sich die Gegner des Kapitalismus im 19. Jahrhundert als »Sozialdemokraten« bezeichneten. Sie verstanden den Sozialismus als ein Projekt zur Ausweitung der Demokratie über die künstlich beschnittene politische Sphäre hinaus auf den sozialen und wirtschaftlichen Bereich. Der Enthusiasmus, mit dem die Vereinigten Staaten in der Ära des Kalten Krieges in Ländern wie Guatemala, Iran und Chile demokratisch gewählte Führer stürzten, selbst wenn sie nur mäßig sozialistischer Tendenzen verdächtig waren, scheint ebenfalls darauf hinzudeuten, dass freie Märkte bis weit in die jüngste Vergangenheit hinein durchaus mit politischen Diktaturen vereinbar waren.

Die Ökonomisierung und Globalisierung der Welt seit den 1970er Jahren gilt vielen Autoren als die Ära des Neoliberalismus. Bei Martin Wolf taucht dieser Begriff lediglich einmal auf, und zwar an einer Stelle, an der er indigniert darüber berichtet, wie »freiere Märkte« von ihren Gegnern beschrieben werden. Wissenschaftler wie Quinn Slobodian, Dara Orenstein, Amy Offner, Sam Wetherell und Laleh Khalili haben ausführlich dargelegt, wie die neoliberale Wirtschaftspolitik dazu beigetragen hat, das Eigentumsrecht im postkolonialen Zeitalter von der demokratischen Politik zu isolieren. Sie haben die Abhängigkeit der globalisierten Produktion von einer Vielzahl von Wirtschaftszonen mit Gesetzen, Verordnungen und Systemen der Rechenschaftspflicht aufgezeigt, die sich von denen der jeweiligen Gastländer unterscheiden und von der demokratischen Rechenschaftspflicht getrennt sind. Und sie haben nachgezeichnet, welche Begeisterung marktwirtschaftliche Fundamentalisten wie Friedrich Hayek und Milton Friedman für das Südafrika der Apartheid, das koloniale Hongkong, Singapur und andere Orte an den Tag legten, die wenig mit Demokratie oder individueller Freiheit zu tun hatten.

Wenn Kapitalismus und Demokratie aber nicht aus dem gleichen Ei geschlüpft und gegenseitig aufeinander angewiesen sind, dann gibt es auch keine Krise der beiden als kohärentes System. Der Kapitalismus jedenfalls scheint gut zu funktionieren. Das Problem ist die Bedrohung, die er in seiner deregulierten Form für die Demokratie darstellt, und insbesondere die Unfähigkeit des politischen Liberalismus, diese Bedrohung einzudämmen. Wie der Politologe Brian Judge in seinem großartigen Buch *Democracy in Default* (2024) dargelegt hat, hat sich der moderne Liberalismus um die Leugnung der Notwendigkeit von Verteilungskonflikten herum konstituiert. Statt offener Konflikte um Ressourcen und Belohnungen (die für andere Schulen des politischen Denkens von zentraler Bedeutung sind), setzt der Liberalismus auf Größen wie Bildung, Technologie, Fachwissen und letztlich auf die Kräfte des Marktes, um diese Konflikte auf unbestimmte Zeit zu verschieben. Der Markt, so Judge, »ist ein diskursives Konstrukt innerhalb des Liberalismus, das die inhärente Spannung zwischen Privateigentum und allgemeiner Zustimmung ausgleicht«.

Jahrzehntelang hat die Ideologie des Marktliberalismus die anhaltenden Verteilungskonflikte in der Welt erfolgreich verschleiert. Zugleich aber ist es ihm nicht gelungen, das materielle Leid der Menschen abzuschwächen, die auf der Verliererseite stehen. Seit der Krise von 2008 ist die Realität rücksichtsloser Verteilungskonflikte nicht mehr zu ignorieren. Aber das Versagen des Marktliberalismus, politische Gleichheit und wirtschaftliche Ungleichheit miteinander zu vereinbaren, hat zu einer globalen Legitimationskrise geführt, in deren Folge ein immer größerer Anteil der Wählerschaft für antiliberale Figuren wie Trump, Orbán, Modi und Bolsonaro empfänglich geworden ist. Da Wolf nicht in der Lage oder vielleicht auch nur nicht willens ist, diese Widersprüche zu erkennen, ist er auch nicht imstande, sich gedanklich adäquat mit den Ideologien und Politiken auseinanderzusetzen, die die von ihm diagnostizierte Krise überhaupt erst verursacht haben.

Schon deshalb ist es alles andere als nebensächlich, dass *The Crisis of Democratic Capitalism* aus der Feder eines der prominentesten Befürworter der neoliberalen Umgestaltung der Welt stammt. Zwar stellt der Autor zu Beginn ausdrücklich fest, dass sich seine »Ansichten mit der Entwicklung der Welt verändert« hätten. Doch wer sich die Mühe macht, die Grundthesen des aktuellen Buchs mit denen von *Why Globalization Works* abzugleichen, dürfte diese Einschätzung nur bedingt teilen. Beider Bücher Vorworte tragen den Titel »Warum ich dieses Buch geschrieben habe«, beide beginnen mit der Geschichte von Wolfs Eltern, die vor den Nazis flohen, was sie dazu brachte, Demokratie und individuelle Freiheit zu schätzen. In beiden Büchern wird behauptet, dass Staaten und Märkte gegenseitig aufeinander angewiesen sind, und insbesondere, dass liberale Demokratie und Marktglobalisierung eine Symbiose bilden, auch wenn sie in ständiger Spannung zueinander stehen. Beide stützen sich auf eine skizzenhafte historische Erzählung, die kanonische Figuren wie Aristoteles, Platon, Hobbes und Locke aufruft, um die Behauptung zu untermauern, dass Privateigentum die grundlegende Voraussetzung für politische Freiheit sei. In beiden Büchern werden Wolfs Gegner als eine breite marktfeindliche Wählerschaft von schlecht informierten utopischen Träumern dargestellt, die nach der Machtübernahme sofort zu eiskalten Stalinisten werden würden.

Angepasst hat Wolf seine Ansichten vor allem in Bezug auf die drei Themenfelder Konzerne, Finanzen und Ungleichheit. 2004 beklagte er, dass die Kritiker der Macht multinationaler Unternehmen deren politischen Einfluss krass überschätzten und unterstellte ihnen »kollektive Hysterie« und »eine Reihe paranoider Fantasien«. Zwar ist er nach wie vor der Meinung, »die Fähigkeit und Bereitschaft multinationaler Unternehmen, ihr Kapital und ihr Knowhow über die Grenzen hinweg zu verlagern«, sei alles in allem eine positive Sache, räumt mittlerweile aber immerhin ein, dass die Arbeit(nehm)er dabei bislang stets das Nachsehen hatten. 2004 stellte er fest, der Zweck von Unternehmen bestehe darin, durch die Nutzung billiger Ressourcen (einschließlich Menschen), die sonst außerhalb der globalen Marktwirtschaft stehen, Mehrwert zu schaffen. Heute fragt er, ob der politische Einfluss der Multis nicht vielleicht doch zu groß geworden sei, und rät zu Maßnahmen, um Unternehmen leichter für ihre Aktivitäten in Haftung nehmen zu können. Im Jahr 2004 gab er zu, dass das Projekt der Globalisierung durch die vielen Finanzkrisen im Jahrzehnt zuvor mit hohen Kosten, schmerzhaften Erfahrungen und politischen Rückschlägen verbunden gewesen sei. Dennoch hielt er daran fest, die Schwellenländer sollten alles dafür tun, »sich in die globalen Kapitalmärkte zu integrieren«. Heute stellt er fest, dass »der Finanzsektor sowohl menschliche als auch reale Ressourcen verschwendet. Er ist zu einem großen Teil eine Gewinn-Extraktions-Maschine.« 2004 räumte er ein, dass die Ungleichheit in Ländern mit hohem Einkommen »offensichtlich zugenommen« habe, war aber der Meinung, die ökonomische Globalisierung habe in erster Linie zu einer Verringerung der Armut geführt. Heute stellt er fest, dass zwischen 1993 und 2015 mehr als die Hälfte aller Zuwächse bei den realen Einkommen vor Steuern auf das oberste eine Prozent entfielen, und er räumt ein, dass Reichtum durch politischen Einfluss, Medienbesitz, Philanthropie etc. eine Quelle der Macht darstellt.

Es gibt aber noch einen auffälligeren Kontrast: In *Why Globalization Works* arbeitete sich Wolf an den radikalen Kritikern der Marktwirtschaft ab, die er, den Ökonomen David Henderson zitierend, als »Kollektivisten des neuen Jahrtausends« bezeichnete. Dazu zählen für ihn Leute wie der britische Philosoph John Gray, die Journalistin Naomi Klein und der rechte Demagoge Pat Buchanan. Die meisten der von ihnen beklagten Phänomene und Entwicklungen, so Wolfs Grundthese, seien in Wahrheit auf zu wenig und nicht auf zu viel Globalisierung zurückzuführen. In *The Crisis of Democratic Capitalism* kommt er hingegen zu dem Schluss, dass die vielen Probleme der heutigen Rentierökonomie »hauptsächlich das Ergebnis von Versäumnissen bei der Liberalisierung sind – vor allem dem Versäumnis, den institutionellen Kontext der Märkte zu durchdenken. Die vorherrschende Annahme war, dass das freie Streben nach Eigeninteresse allein ausreicht: Das stimmt nicht.« Wolf räumt hier wohlgemerkt nicht etwa ein, dass, wie sich mittlerweile herausgestellt habe, irgendwer jemals mit der Kritik an seinen Thesen Recht gehabt haben könnte – denn diese stellten seinerzeit nun einmal »die vorherrschende Annahme« dar.

An Stellen wie diesen verwendet Wolf die charakteristische Sprache der Macht, die der Journalist William Schneider »past exonerative« genannt hat, also die unverwechselbare Mischung aus Passiv und Vergangenheitsform nach dem Muster »Fehler wurden gemacht«, Drohnenmorde »wurden genehmigt«. Wolf tut dies sowohl, wenn seine Seite für etwas Schreckliches verantwortlich ist, das er nicht zugeben kann, als auch, wenn die andere Seite unbestreitbar Gutes bewirkt hat, das er nicht anerkennen möchte. Deshalb steht da dann eben, dass »Kolonialreiche verschwunden«, »die Gewerkschaften stark geschwächt« und »die Fabriken in den alten Industriestandorten verschwunden« seien. Die revolutionären Kämpfe um die Macht, auf die sich solche Sätze beziehen, werden auf diese Weise unsichtbar gemacht.

Wenn Wolf historisch argumentiert, folgt das meist dem Muster, von einem Verweis auf die Antike, der ohne jeglichen kontextuellen Hintergrund bleibt, umstandslos zu einer ideologischen Verallgemeinerung über das 19. oder 20. Jahrhundert zu gelangen. Typischerweise liest sich das dann so: »Die wichtigste Antwort [auf die Krise des demokratischen Kapitalismus] ist die Aushöhlung des Bürgertums, das Aristoteles vor fast 2500 Jahren als die zentrale Wählerschaft für eine konstitutionelle Demokratie identifizierte.« Und noch ein anderes Beispiel, diesmal in umgekehrter Reihenfolge: »Die Vorstellung vom perfekten ökologischen Menschen ist ebenso eine Illusion wie Trotzkis kommunistischer Übermensch. Man denke nur an die Massensterben, die der ersten Ankunft der Menschheit in Eurasien und Amerika in prähistorischer Zeit folgten.«

Durch solch abenteuerliche historische Analogien, bei denen das Handeln menschlicher Akteure regelmäßig ausgespart bleibt, versucht Wolf, seine hochideologischen Ansichten wie überzeitliche Wahrheiten erscheinen zu lassen. Aus politischen Maßnahmen, die man ebenso gut als Ausdruck rücksichtsloser Klasseninteressen beschreiben könnte, wird bei ihm die alternativlose Umsetzung der »vorherrschenden Annahmen« kompetenter, rational denkender Menschen, die sich redlich bemühen, die Welt ihren höheren Einsichten gemäß zu gestalten und sie zugleich vor Träumern und Despoten zu schützen. Aber wenn wir es hier wirklich mit höheren Einsichten zu tun haben: Wie konnte es dazu kommen, dass sie zu derart unvernünftigen Resultaten geführt und zugleich so viele derart unvernünftige Menschen von ihnen profitiert haben?

In Wahrheit haben unsere Eliten nicht etwa aus unerklärlichen Gründen plötzlich ihre moralischen Skrupel verloren. Die Voraussetzungen dafür hat vielmehr die von Wolf gefeierte Globalisierung der Finanzwirtschaft geschaffen. Sie hat es ihnen erst ermöglicht, sich demokratischen Rechenschaftspflichten, staatlicher Regulierung und den Verpflichtungen gegenüber der Gemeinschaft zu entziehen. Die Globalisierung hat überdies die Gegenkräfte wie die organisierte Arbeiterschaft, politische Parteien der Arbeiterklasse und Kapitalkontrollen dezimiert. Der Markt war nie von Werten wie Pflicht, Fairness und Anstand »durchdrungen«, er wurde durch außerökonomische

Kräfte reguliert. Wolf hat seine Karriere damit verbracht, zu predigen, dass Vernunft und Freiheit radikale Deregulierung erfordern. Und er ist erhört worden.

Im Vorwort zu Kapitel 8 von *The Crisis of Democratic Capitalism* findet sich Warren Buffetts berühmtes Zitat: »There's class warfare, all right, but it's my class, the rich class, that's making war, and we're winning.« In den zwanzig Jahren seit der Veröffentlichung von *Why Globalization Works* haben die Reichen ihren Krieg gegen die Arbeiterklasse tatsächlich gewonnen. Als die Römer einst die Karthager besiegt und deren Hauptstadt zerstört hatten, sollen sie tonnenweise Salz auf die umliegenden Felder gestreut haben, um sie für alle Zukunft unfruchtbar zu machen. Jetzt wandert ihr Tribun durch die so geschaffene Wüste und mahnt zur Mäßigung.

Aus dem Englischen von Christian Demand und Ekkehard Knörer

Jonathan Lethem
Der Fall Brooklyn
Roman

448 Seiten, gebunden mit Schutzumschlag
ISBN 978-3-608-50244-2
€ 26,– (D) / € 26,80 (A)

Auch als
@book

»Jede Stadt verdient ein solches Buch.«

– Colum McCann

Verbrechen, Spekulationen, Gentrifizierung und zerplatzte Träume: Mit meisterhafter literarischer Finesse erzählt Jonathan Lethem die wechselvolle Geschichte von einer der hippsten Straßen New Yorks, der Dean Street. Ein Blick hinter die Kulissen einer Straße, einer Stadt und einer Zeit, in der vieles immer stärker zur bloßen Fassade gerät.

»Ein großer Lesegenuss. Ein brillantes Buch, das alle Genregrenzen sprengt.« *Percival Everett*

Polyvalenz des Politischen

Zur Neuvermessung des Demokratischen

Von Birger P. Priddat

Die Demokratie ist zum Gegenstand der Kritik geworden. Philip Manow spricht von der »Ent-Demokratisierung der Demokratie«,[1] Veith Selk von einer »Demokratiedämmerung.[2] Andere hingegen halten dafür, die Demokratie aktiv zu gestalten.[3] Doch erweist es sich als schwaches Argument, wenn man die Demokratie als liberales Wertesystem verteidigt, ohne darüber zu reflektieren, dass die Formen des Demokratischen, die wir haben, bereits in eine Änderungsdynamik eingewoben sind. Selbst der erstarkende Rechtspopulismus, der im Kern rechtsradikale Elemente mit sich führt, ist ein politisches Phänomen, das innerhalb des gewohnten demokratischen Verfahrens stattfindet. Wir empfinden diesen Prozess als Gefährdung des Demokratischen, ohne aber wirklich in Rechnung zu stellen, dass die Demokratie, wie Richard Rorty bereits 1988 befürchtete, ein temporäres, kontingentes Phänomen darstellen könnte.[4]

1 Philip Manow, *(Ent-)Demokratisierung der Demokratie*. Suhrkamp: Berlin 2020.
2 Veith Selk, *Demokratiedämmerung*. Berlin: Suhrkamp 2024.
3 Lisa Herzog, *Citizen Knowledge. Markets, Experts, and the Infrastructure of Democracy*. Oxford University Press 2023.
4 Richard Rorty, *Solidarität oder Objektivität? Drei philosophische Essays*. Aus dem Englischen von Joachim Schulte. Stuttgart: Reclam 1988.

Rorty erinnert an das antike Modell, in dem der Wechsel der Verfassungen eine Antwort auf die politische Instabilität darstellte. Der Wechsel, den wir heute zu befürchten haben, wäre ein Wechsel von der Demokratie zu einer anderen Herrschaftsform: in eine oligarchische Verfassung (wie es sich in den USA andeutet), in eine aristokratische (Expertokratie) oder in eine Diktatur (Tyrannis). Ein Wechsel der Herrschaftsform kann selbst unter Beibehaltung einer demokratischen Verfassungsform stattfinden, und zwar in den institutionellen Infrastrukturen der Demokratie: Einschränkung der Presse- und Medienfreiheit, Demontage der Opposition, Umbau und Personalaustausch in der Justiz, der Kultur, auch der Bildung etc.[5] In die formelle Beibehaltung der Demokratie schieben sich Institutionenumbauten, die demokratische Kontrollen aussetzen. Die beschworene *balance of power* wandelt sich in asymmetrische Herrschaftsinstanzen (wie in der Türkei, in Ungarn, tendenziell in Italien, in Polen ist dieser Prozess abgebrochen worden, in den USA beginnt er jetzt gerade; auch die AfD wird in diese Umbruchszenarien einzufügen sein).

Neue Eliten oder neue Agora?

Aristoteles hält nichts von der alleinigen Herrschaft des *demos* (der Armen beziehungsweise derer, die durch ihre Arbeit leben müssen); er präferiert die *politie*; nur eine Mischverfassung aus Demokratie und Oligarchie könne die Eintracht (*homo-*

5 Vgl. die Institutionendynamikanalysen von Daron Acemoglu / James A. Robinson, *Warum Nationen scheitern. Die Ursprünge von Macht, Wohlstand und Armut*. Übersetzt von Bernd Rullkötter. Frankfurt: Fischer 2013.

noia) sichern. Der Grundgedanke ist eher von der Art der Sozialen Marktwirtschaft: dass die Reichen die Armen mitfinanzieren (über die Tugend der Freigiebigkeit, auch der Liturgien). Zur Mischung aber gehört, dass die Armen die Reichen legitimieren; Arm und Reich teilen sich die Selbstbestimmung. Aristoteles denkt eine politische Ökonomie, in der alle ihre Gemeinsamkeit *(politike koinonia)* pflegen, in der Interessengegensätze nichtantagonistisch ausdiskutiert werden – über die Rhetorik der Versammlung in der *agora* und über die Bildung *(paidaia)* der Bürger. Es ist eine politische Philosophie, der wir Hypermodernen in aufgeklärter Gestimmtheit zustimmen mögen, weil sie von dem Prinzip getragen wird, die politische Stabilität durch eine Gemeinschaftlichkeit zu erhalten. Aber bedenklich werden wir, wenn wir uns umschauen, worin heute die Gemeinschaftlichkeit bestehen soll.[6]

Was über die Jahrhunderte als *sensus communis* und als *bonum commune* erinnert wurde und in der Aufklärung wie in ihren Folgen als Freiheit in Gemeinschaftlichkeit unsere Moderne neu bestimmte,[7] hat sich in der kapitalistischen Epoche zum einen als Marktliberalismus ausgestaltet, zum anderen kompensatorisch im Wohlfahrtsstaat, der die negativen externen Effekte der Marktfreiheiten durch soziale Transfers und Infrastrukturen auffangen sollte. Der Markliberalismus operiert nicht mehr im Gemeinschaftlichkeitsmodell, sondern versucht, über das Wachstum alle Bürger über Einkommensbindungen zu vergesellschaften – leistungsdifferent, nicht mehr vom Freigiebigkeitskonzept der Antike getragen, sondern basierend auf einem Selbstbestimmungsmodell wirtschaftlicher Leistungsfähigkeit. Das Politische wird aus dem Ökonomischen ausgelagert, sozialisiert und individualisiert. Damit aber fehlt dem Demokratischen, wenn wir die Antike zum Maßstab nähmen, die Tugendbildung der Bürger im ausgeprägten *sensus communis*, für Aristoteles ein Kernkonzept politischer Stabilität.

An diesem Punkt setzt die Kritik ein, die den Verlust der Tugenden und der Gemeinschaftlichkeit (Solidarität) beklagt.[8] Der amerikanische Politikwissenschaftler Patrick Deneen geht so weit, den Liberalismus mit seinen Individualisierungs- und Desozialisierungstendenzen als Grund für die Auflösung des Gemeinschaftlichen zu sehen.[9] Der Liberalismus untergrabe seine eigenen Grundlagen, indem er traditionelle soziale Bindungen und Institutionen schwäche, die für sein Funktionieren eigentlich notwendig wären. Die liberale Demokratie muss aus seiner Sicht in eine postliberale Phase übergehen. Deneen sieht dies nicht nur als Krise, sondern als fundamentalen Systemwandel: erstens stärkere lokale Gemeinschaften mit mehr Autonomie und Selbstverwaltung statt zentralisierter Staatsmacht; zweitens Wiederherstellung traditioneller Institutio-

---

6   Zygmunt Bauman, *Gemeinschaften. Auf der Suche nach Sicherheit in einer bedrohlichen Welt*. Frankfurt: Suhrkamp 2009; Aleida Assmann/Jan Assmann, *Gemeinsinn. Der sechste soziale Sinn*. München: Beck 2024.

7   Herfried Münkler/Harald Bluhm (Hrsg.), *Gemeinwohl und Gemeinsinn. Historische Semantiken politischer Leitbegriffe*. Berlin: Akademie Verlag 2001.

8   Alasdair McIntyre, *Der Verlust der Tugend. Zur moralischen Krise der Gegenwart*. Übersetzt von Wolfgang Riehl. Frankfurt: Suhrkamp 1995.

9   Patrick J. Deneen, *Regime Change. Towards a Postliberal Future*. London: Forum 2024.

nen wie Familie, Kirche und lokale Ver-
einigungen als zentrale gesellschaftliche
Säulen; drittens eine Wirtschaftsordnung,
die sich am Gemeinwohl orientiert statt
am reinen Individualismus – mit Fokus
auf Familienbetrieben, lokaler Produktion, der Einschränkung großer Konzerne, nachhaltiger Ressourcennutzung, einem Bildungssystem, das Tugenden und
gemeinschaftliche Werte vermittelt statt
nur technisches Wissen; viertens eine Politik, die auf geteilten moralischen Grundlagen und dem Gemeinwohl basiert statt auf
reiner Interessenvertretung.

Die politische Pointe dieser neoaristo-
telischen Politikphilosophie besteht darin, dass das neue postliberale System neue
Eliten brauche, um auf der Basis eines mo-
ralisch geteilten Gemeinwohls ein gleichsam aristokratisches Regime der Tugend-
samen zu bilden, das Wahlen unnötig
macht. Deneen nennt diese Abschaffung
der Demokratie »Aristopopulismus«. Die
Bürger seien durch ihre konsumkulturel-
le Gewöhnung gar nicht in der Lage, ange-
messene Entscheidungen zu treffen.

Auch wenn sich Patrick Deneen auf
Aristoteles beruft und dessen Mischverfassung ins Spiel bringt – nun allerdings in der
Mischung von Oligarchie und Aristokratie –, läuft eine solche Delegierung politischer Entscheidungsgewalt an Eliten doch
eher auf eine Neuauflage von Platons Phi-
losophenkönigregime hinaus.[10] Es ist ein

Gestaltungsvorschlag, in dem die Demokratie für überflüssig erklärt wird, weil die
Bürger in ihrer individualistischen Ver-
fasstheit das Gemeinwohl aus den Augen
verloren haben.

Auch bei Lisa Herzog ist die Frage nach
der Zukunft der liberalen Demokratie an
die nach dem Gemeinwohl geknüpft, wobei sie große Hoffnungen in eine Reakti-
vierung des »citizen knowledge« setzt.[11] Ihr
Gestaltungsvorschlag läuft darauf hinaus,
die Erfahrungen der Bürger aufzunehmen.
Dafür entwickelt sie ein Konzept der epistemischen Infrastruktur der Demokratie,
das heißt der Strukturen und Institutionen, die Bürgern Zugang zu verlässlichem
Wissen ermöglichen. Ein zentrales Konzept ist das des »epistemischen Status« von
Bürgern – ihre Fähigkeit, relevantes Wissen zu erwerben und zu nutzen. Sie will dabei die politische Mitbestimmung an den
Nachweis politischen Wissens knüpfen,[12]

---

wird die Relation aktiv (Elite)/passiv (demos).
Dem entspricht Deneens Konzept: tugendhaftes Regime, (passives) Einverständnis/Ak-
klamation der Menge. Wenn man schärfer
hinblickt, entspricht dies auch dem Modell der
repräsentativen Demokratie, die nur deshalb
als liberal denunziert und abgeschafft werden
soll, weil ihre Eliten, das politische Personal
der üblichen Parteien, versagt haben sollen.
Indem neues Personal rekrutiert wird (neue
Eliten), wird die Demokratie zwar pro forma
nicht abgeschafft, aber in ihrem Verfassungs-
status umgebaut in ein »aristopopulistisches«
Regime.

11 Auch Deneen kennt das »citizen knowledge«,
das er ursprünglich Aristoteles zuschreibt, als
»collective wisdom of the many«, während
er für sein »Neue Eliten«-Konzept Platon
erinnert: »Plato argued on behalf of the rule by
the knowledgeable few.«

12 Radikaler bei Jason Brennan, *Gegen
Demokratie. Warum wir die Politik nicht den
Unvernünftigen überlassen dürfen.* Aus dem

10 Die Demokratie ist »die Herrschaft der Besten
(der Tugendhaftesten und Weisesten) mit
der ›Einwilligung‹ der Vielzahl (plethos), der
guten Meinung (eudoxa) der Menge«. Jacques
Derrida, *Politik der Freundschaft.* Aus dem
Französischen von Stefan Lorenzer. Frankfurt:
Suhrkamp 2000. Derrida kommentiert bzw.
korrigiert hier Platons *Menexenos.* Deutlich

im Grunde eine Mündigkeitsanforderung. Herzog entwickelt Vorschläge zur Verbesserung der epistemischen Infrastruktur, etwa durch bessere Regulierung von Märkten für Informationen und neue institutionelle Designs, durch erstens die Gestaltung von Schnittstellen zwischen Experten und Bürgern, wobei es ihr um neue Formen des Wissensaustauschs geht, und zweitens durch institutionelle Mechanismen zur besseren Qualitätssicherung von Expertenaussagen.[13]

Dieser Vorschlag steht in der aufklärerischen Tradition der bürgerlichen Öffentlichkeit als Arena der politischen Urteilsbildung – ein renoviertes *Agora*-Konzept, das durch den kulturellen Umbruch der digitalisierten Kommunikation, vor allem der sozialen Medien, auf eine noch unabschätzbare Weise gebrochen wird. Deneen steht in der Tradition des Republikanismus, der wegen der kulturellen Unmündigkeit des Volkes *(demos)* tugendhafte Eliten herrschen lassen will. In diesem Sinn deckt sich seine Vorstellung der politischen Kultur mit der Skepsis gegenüber der demokratischen Urteilsfähigkeit durch die ungefilterten sozialen Medien (ohne dass er dies ausdrücklich erörtert). Er bricht mit der aufklärerischen Hoffnung, so wie er mit dem Liberalismus

bricht. Sein politisches Design richtet sich auf Herrschaft aus, genauer auf Führung, auf Abkehr von der tragenden demokratischen Idee der Selbstherrschaft – außer in lokalen Arrangements, die wiederum an Elinor Ostroms »Commons« anknüpfen.[14]

Zwei Mischverfassungskonzeptionen stehen hier einander gegenüber: Oligarchie/Aristokratie versus Demokratie/Aristokratie. In beiden Konzepten spielt die – nunmehr modernisierte – Aristokratie eine besondere Rolle: einerseits als Experteneliten, andererseits als »neue Eliten«, die nicht unmittelbar mit den (Wissenschafts)-Experten übereinstimmen. Lisa Herzog denkt die Experten nicht als tugendgebildetes Regime (auch wenn das bei ihr ebenfalls eine Rolle spielt), sondern eher in Wahrhaftigkeitskategorien. Auch bei Herzog unterliegen die Bürger einem Kompetenzgefälle, sind auf Expertise angewiesen. Sie hält allerdings dafür, dass die Bürger lernen können, Expertise einzuschätzen, man ihnen politische Urteilsfähigkeit also nicht grundsätzlich absprechen darf.[15]

Sowohl Herzog als auch Deneen sprechen sich zugleich für eine deutlich stärkere Wahrnehmung der Sorgen der Bürger durch die Politik aus. Deneen löst das Problem paternalistisch – von oben, über

---

Amerikanischen von Stephan Gebauer. Berlin: Ullstein 2017.

13 Ähnlich sprach schon Yvonne Hofstetter von der Notwendigkeit einer »partizipatorischen Demokratie« (*Das Ende der Demokratie. Wie die künstliche Intelligenz die Politik übernimmt und uns entmündigt.* München: Bertelsmann 2016). Offen bleibt dabei, wie wir über »digitale Schlüsseltechnologien« verfügen sollen »bei der Umsetzung politischen Willens«. Ihre Spekulation über – damalige – KI-Konzeptionen erfasst die heutigen Möglichkeiten nicht.

14 Elinor Ostrom, *Governing the Commons The Evolution of Institutions for Collective Action.* Cambridge University Press 1990.

15 Veith Selk sieht die Entwicklung einer »progressiven Expertokratie« (*An den Grenzen der Demokratie.* In: *Makronom* vom 4. Dezember 2023; https://makronom.de/an-den-grenzen-der-demokratie-45480); Philipp Staab spricht von einer »protektiven Technokratie« (*Anpassung. Leitmotiv der nächsten Gesellschaft.* Berlin: Suhrkamp 2022).

die Tugendgebildetheit der neuen Eliten: eine hochriskante Operation. Herzog hingegen will die Bürger kognitiv aufrüsten. Das ist ebenso riskant, denn diese politische Pädagogik setzt ebenfalls eine Art Tugendbildung voraus, dass nämlich die Bürger durch bestimmte informatorische Arrangements zu urteilsfähigen Demokraten werden. Lässt sich das aber allein durch mehr und besser kommuniziertes Wissen erreichen? Was, wenn die politische Öffentlichkeit durch Elon Musks libertäre Medienökonomie (und Mark Zuckerbergs Öffnung von Meta für absolute Meinungsfreiheit) die demokratischen Kontrollmechanismen unterläuft?

Die Matrix der Demokratie

Was in den heute vorherrschenden Demokratien nach dem Links-rechts-Schema (plus Mitte) als ideologische Differenz ausgefaltet ist, wird in den neuen Vorschlägen als Oben-unten-Unterscheidung eingeführt. Diese Unterscheidung läuft parallel zu einer anderen auffälligen Differenz in modernen Gesellschaften: der zwischen arm und reich. Arm / reich ist eine hierarchische Unterscheidung, die in der antiken Ausfaltung von reich *(oligoi)*, tugendhaft *(aristoi)* und arm *(thetoi, demos)* ihr eigenes Spannungsmoment hatte, was Aristoteles zu seiner *politie*-Mischverfassung anregte, worin die Reichen die Armen durch freigiebige Umverteilung stützen, während die Armen dafür die Reichen legitimieren, das heißt ihnen Ämter und Privilegien zugestehen. Und zwar aus Gründen einer bei Aristoteles oft übersehenen politischen Ökonomie, die die Reichen als ökonomische Säule des wohlhabenden Athen nicht nur akzeptiert, sondern für unabdingbar

hält. Beider Seiten Freiheit zu gewährleisten mache die gute *polis* aus.

Deneens Vorschlag eliminiert dagegen die Teilhabe des *demos*, gibt das Konzept der Demokratie auf zugunsten eines Eliten-Regimes (im besten Fall der »wise men«). Völlig unklar bleibt, wie sich diese neuen Eliten bilden, wen sie in sich aufnehmen und wie sie sich von korrupten Opportunisten unterscheiden, die, einmal an die Macht gekommen, jede Tugendbildung missen lassen und tyrannisch werden, womit dann die Absicht der »guten Regierung« hinfällig wird. Wenn, wie bei Deneen, die Demokratie endet, ist die Herrschaft der neuen Eliten nicht revidierbar – außer, wie in der Antike, durch Tyrannenmord, *stasis*, also Bürgerkrieg etc.[16] Alle Erfahrungen mit Demokratieabschaffung, selbst wenn dies nur durch institutionelle Degenerierung geschieht, zeigen, dass der Revisionsaufwand gewaltig wird und politische Kräfte braucht, die durch das neue politische Arrangement tendenziell zumindest eingedämmt worden sind.

Wie schwierig das Thema der Tugendgebildetheit zu handhaben ist, zeigt sich in der Trump'schen Regierungsbildung. Auffallend sind die in die Regierung kommenden Milliardäre (Oligarchie) und Tech-Leute (Experto-Aristokratie). Intransparent bleibt dagegen der Teil, der das Gemeinwohl fördern soll. Anders als Deneen es formuliert: Seine Gegnerschaft hat die Tech-Konzerne noch gar nicht auf dem Schirm. Die Big-Data-Plattformunternehmen sind die Gewinner dieses politischen

---

16 Giorgio Agamben, *Stasis. Der Bürgerkrieg als politisches Paradigma.* Aus dem Italienischen von Michael Hack. Frankfurt: Fischer 2016.

Parcours.[17] Peter Thiel[18] hatte in *Zero to One* bereits den Wettbewerb der kleinen Unternehmen für ineffizient erklärt und nur die Oligopole, die starken Firmen, für zukunftsträchtig gehalten.[19] In einem solchen Szenario scheint das Sozialprogramm, das vom Gemeinwohlkonzept übrigbleibt, aus Amazon zu bestehen: eine hochskalierte digitalisierte Wirtschaft, die die Bürger, sowieso auf ihre Konsumentenkultur reduziert, mit relativ preisgünstigen Produkten versorgt.

Die Quasiverfassung der digitalen Technologie

Mit den Tech-Eliten in der neuen Regierung der USA kommt eine Herrschaftsform ins Spiel, die weder bei Deneen noch bei Herzog gedacht ist: Sie sind nicht als tugendhaft einzuordnen, sondern, wie im Fall von Elon Musk, libertäre Meritokra-

ten, die Leistung, Fleiß und technische Intelligenz zur autokratischen »Befreiung der Menschen« voraussetzen.[20] »Befreiung« meint hier: Befreiung von staatlichen Regeln. Der Intention nach haben wir es mit einem *social engeneering* zu tun, einer KI-gestützten »social physics«,[21] das heißt mit einer kulturell neuartigen Techno-Version von »delivery and control«, die Herrschaft über angepasste Verhaltenssteuerung betreibt.[22]

Eine solche Verfassung lässt sich mit einem Links-Mitte-Rechts-Muster nicht mehr beschreiben; sie steht auch in Konflikt mit nationalistischen, klassisch rechtsorientierten Wünschen, da Tech-Welten nur global durchzusetzen sind. Aus den antiken Mustern, die sich immer wieder in der Geschichte revitalisiert gezeigt haben, steigt das Politische endgültig aus. Auch ohne Ray Kurzweils »Singularität«,[23] den Kipppunkt, an dem die Maschinenintelligenz endgültig die menschliche übersteigt, werden Mensch-Maschine-Interaktionen dennoch zum Normalfall – wie China es mit dem »social credit score« bereits übt.[24]

17 Die Plattform ist der Markt; und er hat die Besonderheit, einer privaten Firma zu gehören. Philipp Staab spricht deshalb von einem »proprietären digitalen Kapitalismus« (*Digitaler Kapitalismus. Markt und Herrschaft in der Ökonomie der Unknappheit*. Berlin: Suhrkamp 2019). Kleine Firmen sind nicht mehr in der Lage, selber noch Wettbewerbspositionen aufzubauen, sondern haben sich in die Plattformorganisation der Märkte zu integrieren.

18 Thiel, »Musks Förderer und Kompagnon, hält unternehmerische Freiheit und Demokratie für unvereinbar. Und meint, dass Kapitalismus und Wettbewerb eigentlich Gegensätze seien. So wird ein Lobgesang auf Konzernmonopole angestimmt. Konkurrenz behindere schlicht die Akkumulation von Kapital.« Joseph Vogl, »*Am Horizont taucht so etwas wie ein autoritärer Kapitalismus auf*«. Interview. In: *Welt online* vom 10. Januar 2025.

19 Peter Thiel, *Zero to One. Wie Innovation unsere Gesellschaft rettet*. Aus dem Englischen von Jürgen Neubauer. Frankfurt: Campus 2014.

20 Carolin Amlinger/Oliver Nachtwey, *Der Chef-Verstärker des Autoritarismus*. In: *FAZ* vom 2. Januar 2025.

21 Alex Pentland, *Social Physics. How Social Networks Can Make Us Smarter*. New York: Penguin 2015.

22 Shoshana Zuboff, *Das Zeitalter des Überwachungskapitalismus*. Aus dem Englischen von Bernhard Schmid. Frankfurt: Campus 2018.

23 Ray Kurzweil, *Menschheit 2.0. Die Singularität naht*. Aus dem Englischen von Martin Rötzschke. Berlin: Lola Books 2014.

24 Vgl. Roberto Simanowski, *Rechenfehler. Der Vermessungswahn der Moderne und sein paradoxes Ende*. In: *Lettre International*, Nr. 147, Winter 2024.

In früheren Arbeiten warnt Lisa Herzog vor den »epistemischen Oligarchien« der Tech-Konzerne. Ein besonderer Fokus liegt bei ihr auf der Rolle von Algorithmen und KI:[25] Sie schaffen neue Formen von Wissensproduktion und -distribution, die demokratisch schwer zu kontrollieren sind. Die von ihr nun propagierte »epistemische Demokratie«, die es Bürgern ermöglicht, an der Produktion und Bewertung von Wissen teilzuhaben, setzt voraus, durch digitale Mittel Institutionen der Selbstbestimmung betreiben zu können, was allerdings durch unredigierte Kommunikation in den sozialen Medien unterlaufen wird. Das Feld der digitalen Kommunikation ist ein affektgeladenes Gelände, nicht nur im öffentlichen und politischen Bereich.[26] Der Diskurshaushalt, den wir noch immer in aufklärerischer Haltung für die Öffentlichkeit reklamieren, ist nicht mehr vornehmlich eine Argumentationsarena, sondern eine des Ressentiments,[27] und die ist seit Musks und Zuckerbergs Öffnung der Medienplattformen für die freie Meinung des Hasses und der Systemfeindschaft nunmehr in offenkundig politischer Absicht legalisiert. Wir haben es mit einem Absolutismus der Meinungen zu tun, einer neuen, untergründigen Verfassung der Öffentlichkeit.

Was Lisa Herzog an epistemischer Infrastruktur für die Renovierung der Demokratie einfordert, wird von der digitalen Infrastruktur der globalen Netzwerke überlagert, die zwar zum einen der Informationsversorgung der Bürger dienlich sein können, zum anderen aber kaum die Urteilsfähigkeit erzeugen, die Herzog neu herausgebildet wissen will: eine Öffentlichkeit, die die Herausbildung von »shared mental models«, miteinander geteilten Überzeugungen, nicht nur nicht fördert, sondern meinungsdivers dissoziiert und in Blasenbildungen erodiert. Die Leistung der algorithmisch verwalteten Datensysteme besteht nicht darin, Informationen intensiv zu verteilen, sondern darin, ungeheure Datenfluten zu analysieren, die die gesellschaftlichen, ökonomischen und politischen Bewegungen auswerten und ranken, das heißt das Geschäft der Urteilsbildung nach ihren algorithmisch arbeitenden Mustern übernehmen. Das, was die Bürger wissen, mischt sich mit dem, wie dieses Thema digital aufbereitet wird, und zwar im schlimmsten Fall so, dass das, was am häufigsten an Meinungen vorkommt, zur allgemeinen Meinung wird.

Es wäre missverständlich, diese Tech-Kultur als Verfassung zu bezeichnen. Sie ist vielmehr von der Art einer neuen Verhaltensordnung mit wechselseitiger Anpassung von Systemen und Bürgern / Konsumenten, die aber die epistemische Kultur drastisch verändert. *Insofern* ist Herzogs Leitfrage völlig angemessen, aber nicht weit genug gefasst. Ein neues Verhältnis von Marktkultur und Expertenlegitima-

25 Lisa Herzog, *Algorithmisches Entscheiden, Ambiguitätstoleranz und die Frage nach dem Sinn*. In: *Deutsche Zeitschrift für Philosophie*, Nr. 69/2, April 2021.
26 Vgl. Eva Illouz, *Explosive Moderne*. Aus dem Englischen von Michael Adrian. Berlin: Suhrkamp 2024.
27 Joseph Vogl: »Soziale Medien sind inzwischen Maschinen zur Polarisierung der Öffentlichkeit, zur Blasenbildung, zur Herstellung von feindseligen Völkchen geworden. Hier hat das Schrille mehr Informationswert als das Moderate, die krasse Meinung mehr als das Argument, die Beschimpfung mehr als das Vermittelnde. Also bestes Milieu vor allem für rechte und rechtsextreme Agitation« (in dem Interview auf *Welt online* vom 10. Januar 2025).

tion wird in der Tech-Kultur anders sortiert, schafft neue Freiheiten der Irritation, der kognitiven Überforderung und des Meinungsopportunismus, was als epistemischer Komfort sozial akzeptiert werden wird. *Insofern* ist Patrick Deneens Konzeption weitblickender, wenn auch gegen unsere demokratische Wertehaltung, wenn er das Gemeinwohl von oben geregelt wissen will, weil es mit der kulturellen Tendenz, die die digitalen Welten schaffen, konform geht. *Insofern* – ein drittes Insofern – ist die sichtbar werdende Allianz von neuer Elite, Milliardären und Tech-Konzernen in der Trump'schen Regierung eine reelle Entwicklung, weil sie die Verhaltensänderungen in der digitalen Kommunikation für die Deregulierung des Demokratischen zu nutzen versteht.

Wir sind gewohnt, die Frage der Politik von der Definition des Demokratischen her zu denken, ohne uns bewusst zu sein, dass wir längst in einem Mehrebenensystem leben: in einem System der Mehrschichtigkeit des Demokratischen, des Meritokratischen, des Oligarchischen, des Aristokratischen der Expertensysteme. Alle Dimensionen interferieren, überlagern und ergänzen sich. Der antike Impuls der Mischverfassung ist bei uns längst Realität. Und die Frage der Zukunft des Demokratischen – unserer demokratischen, liberalen Werthaltung – kann aus dem Ideal des Demokratischen, das in dieser Stringenz gar nicht existiert, nicht beantwortet werden, sondern nur mehr aus der Gestaltung der Mischung, die das Demokratische dann mittragen kann. Mit den digitalen Tech-Systemen kommt ein neues Medium hinzu, das wir als eigene Sphäre der Macht betrachten lernen, während wir seine mögliche Rolle als Infrastruktur der Kooperationen überhaupt erst zu gestalten haben.

Foucault bei den Galliern

Die Dekolonialisierung des dekolonialen Diskurses

Von Christoph Paret

Auf einmal geben sich alle de- und antikolonial: die Länder des globalen Südens, die Palästinenser, die Ukraine in ihrem Abwehrkampf, sogar Russland und China, die behaupten, sich einer westlichen Hegemonie zu erwehren und sich anschicken, die »US-amerikanischen Kolonien« namens Ukraine und Taiwan zu befreien. Die entschiedenste antikoloniale Kraft

Deutschlands? Es ist – die Wirklichkeit erzählt sich die schlechtesten Witze noch immer selbst – die AfD in ihrem wackeren antikolonialen Mehrfrontenkampf: gegen den militärischen Kolonialismus der USA, den bürokratischen Kolonialismus der EU, den medialen Kolonialismus der Öffentlich-Rechtlichen, den demografischen Kolonialismus muslimischer Einwanderer und schließlich gegen den akademischen Kolonialismus der Universitäten, insbesondere die Kolonisierung durch die Postcolonial Studies.

Zugegeben, nicht immer fällt es leicht, zwischen eingebildeten und echten Kolonisierten zu unterscheiden: Die selbsterklärten antikolonialen Kämpfer – sind sie besetzt oder doch nur besessen? Das eigene Kolonisiertsein erweist sich aber nicht nur bisweilen als Selbsttäuschung, sondern auch als Selbstdarstellung: Glaubt man, dass man okkupiert ist, oder will man es andere glauben machen? Der Verweis auf eine reale oder imaginäre Besatzungsmacht hilft, Anhänger zu rekrutieren. Falls umgekehrt momentan noch irgendwo Imperien gebildet werden (China?), vollzieht sich das so geräusch- und programmlos wie nie zuvor in der Geschichte: ein Imperialismus auf Taubenfüßen.

Demgegenüber bildet die Antikolonialität den Generalnenner noch der feindseligsten Positionen. Doch das verleiht der antikolonialen Stoßrichtung nur eine zusätzliche Rechtfertigung: Je mehr man sich kolonisiert vorkommt, desto eher wird man geneigt sein, die Emanzipation von außen zu erhoffen – was wiederum auf andere so wirken kann, als würden nur neuerliche Kolonisatoren eingeladen.

Die Rechte, die sich vom öffentlich-rechtlichen Rundfunk und der »Wokeness« kolonisiert fühlt, kann ihre Rettung in einem Musk erblicken, der die Plattform X aufkauft und ihre Rede in die Freiheit entlässt, aber aus Sicht der Gegenpartei den öffentlichen Diskurs kolonisiert. Wer nicht glauben mag, dass Deutschland 1945 befreit wurde (»Sklavenstaat«), wird den Blick hoffnungsvoll auf jenes Russland richten, das neokolonialer Ambitionen nicht gerade unverdächtig ist.

Dann gibt es noch die leider nur Postkolonialen, die den antikolonialen Kämpfen der Fünfziger und Sechziger hinterhertrauern und sich auf den vermeintlich letzten verbliebenen antikolonialen Kampf stürzen: den palästinensischen Widerstand,

womit sie sich an die Seite von Demonstranten stellen, die andere wiederum als Kolonisatoren identifizieren: die islamistischen Horden auf unseren Straßen.

Generelle Regel: Des einen Befreier ist des anderen Kolonist. Es kommt im dekolonialen Zwielicht zu den seltsamsten Allianzen: Ein Amerika, das nicht mehr imperial und nur noch nationalistisch sein will, wendet sich gerade deshalb mit großer Freundlichkeit einer amerikafeindlichen Partei zu. Ami, go home? Ja, nichts lieber als das. Deshalb führt Elon Musk auf dem AfD-Parteitag einen antikolonialen Diskurs, wenn er dazu auffordert, die olle Kamelle der »vergangenen Schuld« ruhen zu lassen, um sich auf den letzten Schrei deutscher Antikolonialität zu besinnen: den »Kampfeswillen der germanischen Stämme«, der immerhin bereits den Kolonisator Julius Cäsar beeindruckt habe.

Man merkt schon: Lange Zeit war der dekoloniale Diskurs nur positiv besetzt, mittlerweile ist er einfach nur noch besetzt, und zwar von allen möglichen politischen Seiten. Es ist längst viel zu einfach geworden, dekolonial zu sein. Jetzt müsste man zumindest metakolonial werden, wenn denn nicht die heutige Aufgabe lautet: Dekolonialisiert den dekolonialen Diskurs!

Eine derartige Devise kann allerdings nach rechts und nach links gewendet werden, je nachdem, ob man glaubt, dass einen der dekoloniale Diskurs okkupiert oder dass dieser Diskurs okkupiert wird. Das ist die rechte Version: »Befreit euch vom Imperialismus der postkolonialen Studien! Erhebt euch gegen die Invasion des dekolonialen Diskurses, der aus angelsächsischen Eliteuniversitäten stammt, und mag er sich noch so kritisch gegen das ›westliche Denken‹ wenden! Durchschaut seine Tricks: Man kolonialisiert euch, indem man euch einredet, dass ihr die Kolonialherren wart.«

In der linken Variante hat die Dekolonisierung der Dekolonialität folgendes Aussehen: »Restituiert den postkolonialen Diskurs! Gebt ihn seinen angestammten Sprechern zurück! Gesteht ein, dass ihr fremdes Gebiet für euch beansprucht, wenn ihr euch anti- und dekolonial aufführt. Die kulturelle Aneignung der Dekolonisierung muss rückgängig gemacht werden, der dekoloniale Diskurs muss seinen indigenen Sprechern zurückerstattet werden!«

Diese saubere Rechts-links-Unterscheidung bräche allerdings zusammen, sollte sich herausstellen, dass der antikoloniale Diskurs den Grundstein für die Rechte überhaupt erst gelegt hat, er also in allererster Linie der Rechten zurückerstattet werden müsste, und dass umgekehrt diejenigen, die sich zunächst einmal aus ihm herausgearbeitet haben, gerade dadurch erst bürgerlich wurden anstatt rechts.

Wer aber hätte jemals behauptet, dass die ersten maßgeblichen antikolonialen Sprecher den Diskurs geprägt haben, der einmal das »rechte Denken« sein würde? Es war genau der Michel Foucault, dem kürzlich noch vorgeworfen wurde, sich »nicht gerade üppig zu Fragen des Kolonialismus und Neokolonialismus« geäußert zu haben.[1]

In Wahrheit hat Foucault im Jahr 1976 eine ganze Vorlesung zu (anti)kolonialen Diskursen abgehalten. Publiziert ist sie unter dem Titel *In Verteidigung der Gesellschaft*. Wie ein Ufo senkt sie sich auf unsere Debatten herab. Wer von uns hätte gerade nicht seine postkoloniale Dissertation in Arbeit oder sein dekoloniales DFG-Projekt, wer würde nicht eine dekoloniale Gedenkstätte betreuen oder wenigstens seinen dekolonialen Instagram-Account bearbeiten, wer würde nicht seine kleine heilige dekoloniale Empörung pflegen und sein kleines dekoloniales unheiliges Ressentiment?

Foucault aber geht anders vor. Statt an die dunkle Kolonialgeschichte zu erinnern, bringt er die dunkle Geschichte der Antikolonialität in Erinnerung mit ihren Grausamkeiten, ihren Lügen, mit ihrer List, und es ist »ein trauriger und schwarzer« Diskurs, den er da zutage fördert, »vielleicht ein Diskurs für nostalgische Aristokraten und Bibliotheksratten«,[2] vielleicht keiner für dekoloniale Aktivisten, wer weiß, wobei man hinzusetzen muss, dass Foucault diese antikoloniale Geschichte gerade wegen ihrer anstößigen Seiten so sehr schätzt.

Gallier in Algerien

In einem bezeichnenden Moment dieser Vorlesung heißt es: »Ich weiß nicht, wie die Schulbücher heute aussehen, aber vor noch nicht langer Zeit begann die Geschichte Frankreichs mit der Geschichte der Gallier. Und der Satz ›unsere Vorfahren, die Gallier‹ (der lächerlich ist, da man

---

1   Onur Erdur, *Schule des Südens. Die kolonialen Wurzeln der französischen Theorie*. Berlin: Matthes & Seitz 2024.

2   Michel Foucault, *In Verteidigung der Gesellschaft. Vorlesungen am Collège de France 1975/1976*. Aus dem Französischen von Michaela Ott. Frankfurt: Suhrkamp 1999. Soweit nicht anders ausgewiesen, sind alle Zitate diesem Text entnommen.

ihn den Algeriern und Afrikanern bei-
brachte), hat einen sehr präzisen Sinn.«

Welchen Sinn? Einen antikolonialen, was
den Satz schon weniger lächerlich macht.
Es mag auf Anhieb absurd erscheinen, jenen, die man kolonisiert, die eigenen gallischen Vorfahren unterzuschieben, allerdings präsentieren sich diese Gallier,
seitdem man ihre Geschichte erzählt, als
Leute unter Fremdherrschaft: erst kolonisiert von den Römern, dann kolonisiert
von den Franken. Weit entfernt davon,
eine verdrängte dunkle Kolonialgeschichte zu erzählen, macht Foucault deutlich,
dass man sich spätestens seit dem 17. Jahrhundert seine eigene Geschichte immer
schon als Kolonialgeschichte erzählte.

Fast möchte man sagen: Bevor es Kolonisierung gab, gab es bereits Kolonialgeschichte. Und wenn Europa in dieser Vorlesung einen Auftritt hat, dann weniger
als eine Ansammlung von Kolonialmäch-
ten, denen man dann antikoloniale Diskurse entgegenhalten könnte. Stattdessen
zeigt sich, dass die ersten (anti)koloonia-
len Diskurse strikt innereuropäischer Natur waren, ja, dass das Konzept »Europa«
als (anti)koloniales Projekt geboren wird.
Man erfindet Europa im 17. Jahrhundert
als eigenständiges räumliches Gebilde –
und ebenso sehr das Mittelalter als eigenständiges zeitliches Gebilde – neu, indem
man eine Kolonialgeschichte erzählt und
sich weigert, einen bruchlosen Übergang
von Troja über Rom bis in die Gegenwart
hinein zu behaupten: »Im Bewußtsein Europas steigen Ereignisse auf, die bis dahin
nur vage Wendungen gewesen waren und
im Grunde die große Einheit, die große Le-
gitimität, die große blendende Kraft Roms
nicht angetastet hatten. Es kommt zu Er-
eignissen, die nun die wahren Anfänge Eu-

ropas bilden werden – blutige Anfänge,
Anfänge der Eroberung: die Invasion der
Franken, die Invasion der Normannen. Es
erscheint etwas, das sich als ›Mittelalter‹
individualisieren wird.«

Die Invasion der Normannen und die
Invasion der Franken: Foucault spielt hier
auf zwei Diskurse an, die ihren Schauplatz
in England ab 1630 und in Frankreich ab
1680 haben. Wenn die Puritaner und das
Volk und das Kleinbürgertum sich gegen
den englischen Monarchen in Stellung
bringen oder wenn ein halbes Jahrhundert später die von der Machtausübung
ausgeschlossenen Aristokraten ihre Posi-
tion nach oben gegen den absolutisti-
schen Herrscher und nach unten gegen
den Dritten Stand markieren, dann for-
mieren sie sich dezidiert als antikolonial.
Die englische Monarchie wird als Rechts-
nachfolgerin der normannischen Eroberung aus dem Jahr 1066 gelesen. Aus einer
englischen Chronik: »Von den Normannen stammen die großen Personen dieses
Landes ab; die Personen einfacher Lebens-
umstände sind Söhne der Angelsachsen.«
Und die französische Aristokratie und
Monarchie werden auf eine germanische
Gründungshorde von der anderen Rheinseite zurückgeführt, die unter Chlodwig
im 4. und 5. Jahrhundert in Gallien einfiel.
Die zeitgenössische Situation wird zur damaligen Zeit als eine fortgesetzt koloniale
begriffen.

Und so redet man in Europa zu genau
dem Zeitpunkt über Kolonisation, in dem
man anfängt, selbst in Übersee zu koloni-
sieren. Während diese Kolonisation aber weitgehend stillschweigend vonstatten geht,
entwickelt sich parallel dazu ein umso in-
tensiverer Diskurs über die Invasionen der
Normannen, die Invasion der Franken,

die Invasion der Burgunder, die Invasion der Goten. Hat wirklich niemand die Verbindung gezogen? Vielleicht doch. Foucault zitiert die kuriose Bemerkung eines gewissen Blackwood, der sich im Jahr 1581 dazu angehalten sieht, die englische Krone vor dem Vorwurf in Schutz zu nehmen, Nachfolger fremder Invasoren zu sein. Seine Verteidigungsstrategie läuft auf eine Art »Na und!?« hinaus: »Man muß die Lage Englands zum Zeitpunkt der normannischen Invasion so verstehen, wie man jetzt die Lage Amerikas gegenüber den noch nicht als kolonial bezeichneten Mächten zu verstehen hat. Die Normannen waren in England, was die Europäer gegenwärtig in Amerika sind. Was Karl V. in Amerika getan hat und wir vollkommen legitim finden, da wir dasselbe tun, haben die Normannen, täuschen wir uns da nicht, in England getan. Die Normannen sind mit demselben Recht in England wie wir in Amerika, d.h. dank des Rechts der Kolonisierung.«

Das Recht der Kolonisierung. Die noch nicht als kolonial bezeichneten Mächte. Normalerweise lässt sich nicht sagen, wann ein Wort zum ersten Mal in einem bestimmten Zusammenhang gebraucht wurde. Die »noch nicht als kolonial bezeichneten Mächte«, die gerade Amerika erobern, werden in Form dieser Negation allerdings zum ersten Mal als solche bezeichnet. Es sind jene, die mittlerweile in allererster Linie als kolonial bezeichnet werden. Dagegen wäre es seltsam, wollte aktuell jemand die Kolonisierung der Angelsachsen durch die Normannen – oder der Gallier durch die Franken – zum Politikum machen. Derartige Diskurse sind im deutschsprachigen Raum unter dem Begriff »Völkerwanderung« vom dekolonialen Diskurs

entschieden abgespalten worden. Sie sind den professionellen Entschärfern zur sicheren Verwahrung anvertraut, die unsere Althistoriker und Mediävisten sind.[3] Foucault holt sie mitten hinein in unsere dekoloniale und antikoloniale Gegenwart.

Das Beispiel des Feudalismus: Man lasse für den Moment die Frage auf sich beruhen, was der Feudalismus, dieses fast tausendjährige historisch-rechtliche System der europäischen Gesellschaften zwischen dem 6. und 15. Jahrhundert, in Wahrheit war. Es ist ausreichend, sich darauf zu konzentrieren, wie der Feudalismus als Konzept bei seinem erstmaligen Auftauchen verstanden wurde. Gewiss findet sich beim aristokratischen Historiker Henri de Boulainvilliers die bekannte eigentümliche Aufgabenteilung zwischen drei Gruppen (diejenigen, die das Land bestellen; jene, die sich schlagen und Schutz gewähren; schließlich jene, die für das Seelenheil beten), aber diese Aufgabenverteilung soll als das Resultat diverser Eroberungsfeldzüge zustande gekommen sein. Die Bauern seien die indigenen Gallier gewesen, ihnen beigesellt die Eindringlinge der fränkischen Kriegeraristokratie, schließlich die Angehörigen der ehemaligen gallischen Kriegeraristokratie, die als Kirchenleute in der institutionellen Hohlform überwintern, welche die ersten, die römischen Kolonisatoren, zurückgelassen hatten.

Wenn dann die Ständegesellschaft zum Ziel der Attacken des Bürgertums wird, kommen zwei Dinge zusammen, die man für gewöhnlich säuberlich voneinander trennt: Zunächst einmal haben wir den »frühreifen politischen Kampf des Bürger-

---

3 Vgl. Klaus Rosen, *Die Völkerwanderung.* München: Beck 2002 (insbesondere Kapitel X).

tums gegen die absolutistische Monarchie einerseits und die Aristokratie andererseits«, eine scheinbar rein innenpolitische Angelegenheit, die dann aber umkodiert wird zu der außenpolitischen Frage einer Invasion: »Bewußtsein der Spaltung aufgrund der historischen Tatsache der Eroberung«, die »seit Jahrhunderten bis in weite Bevölkerungsschichten hinein sehr lebendig war«. Der antiaristokratische, der antiabsolutistische Kampf: ein antikolonialer Kampf. Zu allem Überfluss auch noch ein protorassistischer Kampf.

Lob des Rassenkriegs?

Natürlich leugnet Foucault nicht, dass der Kolonialismus des 19. Jahrhunderts rassistisch legitimiert wurde. Er sagt sogar: »Der Rassismus entwickelte sich *zunächst* mit der Kolonisierung, d.h. dem kolonisatorischen Völkermord.«[4] Doch zugleich behauptet er, dass es der Antikolonialismus des 16. und 17. Jahrhunderts war, der den Begriff der »Rasse« überhaupt aufs Tapet brachte.

Das Konzept »Rasse« wird Foucault zufolge als antikoloniales Bollwerk ins Leben gerufen. Der Diskurs des Rassenkampfs war »lange ein Diskurs der Oppositionen, der verschiedenen oppositionellen Gruppen; sehr schnell weitergereicht, wurde er zum Instrument der Kritik und des Kampfes gegen eine Form der Macht, die gleichwohl unter verschiedene Feinde und verschiedene Formen der Opposition gegen diese Macht aufgeteilt war. In seinen unterschiedlichen Formen dient er eben sowohl dem radikalen Denken in der Zeit der englischen Revolution des 17. Jahr-

hunderts wie nur wenige Jahre später, kaum verändert, der Reaktion der französischen Aristokratie gegen die Macht Ludwigs XIV. Zu Beginn des 19. Jahrhunderts verband er sich sicherlich mit dem postrevolutionären Projekt, endlich eine Geschichte zu schreiben, deren wahres Subjekt das Volk wäre. Und wiederum einige Jahre später diente er der Disqualifizierung der kolonisierten Unterrassen.«

Doch vor diesem schmählichen Ende wäre er der historisch erste Gegendiskurs gewesen, weshalb Foucault daran gelegen sein kann, »den Diskurs des Rassenkrieges durchaus lobend hervorzuheben. Lobend in dem Sinn, als ich Ihnen gerne gezeigt hätte, wie dieser Diskurs des Rassenkriegs zumindest eine Zeitlang – also bis zum Ende des 19. Jahrhunderts, bis zu dem Zeitpunkt, da er in einen rassistischen Diskurs umschlägt – als Gegen-Geschichte funktioniert hat.« Ein Lob des Rassenkriegs aus dem Mund Foucaults? Ich weiß nicht, ob es das besser macht, doch wenn er vom Rassenkrieg spricht, dann spricht er nicht zuletzt vom Konflikt mit dem Ancien Régime.

Foucaults Punkt ist nicht das heute vertraute Mantra, dass sich hinter der formalen Gleichheit der Französischen Revolution stillschweigende sexistische, klassistische und eben auch rassistische Ausgrenzungspraktiken verbargen, sondern dass diese Revolution auf eine ganz und gar nicht untergründige Weise rassistisch war, dass sie sich lauthals und offensiv gegen eine bestimmte Rasse richtete, jene, als die die Aristokratie angesehen wurde. Dieser spezielle antikoloniale Kampf ist Foucault zufolge also nicht nur nicht antirassistisch gewesen, er vollzog sich im Gegenteil ausdrücklich als »Rassenkampf«. Kein Rassenkampf zum

4 Hervorhebung im Original.

Zweck der Legitimierung einer Invasion, sondern zum Zweck der Delegitimierung einer Invasion; keiner, der auf Unterwerfung abzielt; stattdessen einer der Unterworfenen; keiner gegen die unterdrückten Minderheiten, aber einer gegen eine unterdrückende Minderheit. Foucault paraphrasiert dessen Devise so: »Wir sind vielleicht erobert worden, aber wir werden es nicht immer bleiben. Wir sind hier zu Hause und ihr werdet weggehen.«

Die bürgerliche Revolution als Remigration? Noch in *Was ist der Dritte Stand?*, dem berühmten Pamphlet des Abbé Sieyès am Vorabend der Französischen Revolution, wird die Revolution als Abwehrkampf gegen die fremden Eindringlinge von der anderen Rheinseite verstanden: »Warum sollte er [der Dritte Stand] nicht alle diese Familien in die fränkischen Wälder zurückschicken, die den tollköpfigen Anspruch weiterpflegen, sie seien dem Stamm der Eroberer entsprossen und hätten Eroberungsrechte geerbt?« Es sollte dasselbe sein: sich des Königs und Adels zu erwehren und die Germanen in ihre Wälder zurückzutreiben.

Und womöglich war die Französische Revolution nur der letzte und zugleich der markanteste einer ganzen Reihe von Versuchen, sich der fränkischen Besatzungsmacht zu entledigen: »Die Kreuzzüge als großer Weg ins Jenseits sind für Boulainvilliers der Ausdruck und die Manifestation dieser vollständigen Zuwendung des Adels zur jenseitigen Welt; was freilich geschah im Diesseits, auf ihren Ländereien, als sie in Jerusalem weilten? Der König, die Kirche und die alte gallische Aristokratie veränderten die lateinischen Gesetze, dank welcher sie ihrer Länder und ihrer Rechte enthoben werden sollten.«

Wenn das stimmt, dann müssten die Kreuzzüge jedenfalls in ganz anderer Weise als ein koloniales Unternehmen verstanden werden, als man heute anzunehmen gewillt ist. Die fränkischen Invasoren wurden von der »indigenen Bevölkerung« der Gallier ausgetrickst. Die gallischen Aristokraten, die die Besatzungszeit als Kirchenleute überstanden, erzogen die fränkischen Barbaren zu christlichen Rittern und schickten sie nach Jerusalem, um sich in deren Abwesenheit auf subtile Art und Weise durch juristische Winkelzüge ihr angestammtes Land zurückzuholen.

Genealogie der Genealogie

»Wie, ab wann und warum fing man an, sich vorzustellen, daß es der Krieg ist, der unterhalb und innerhalb der Machtbeziehungen funktioniert?« Anders gefragt: Wer war, bevor es Foucault gab, »Foucault«? Die Leitfrage der Vorlesung. Foucault legt in diesem Buch eine Genealogie der Genealogie selbst vor, und diese Genealogie erweist sich als antikolonial. Beinahe hätte die Vorlesung ein perfektes Gib und Nimm ergeben: Die heutigen postkolonialen Theoretiker, die nahezu alles Foucault verdanken (die genealogische Aufdeckung der dunklen Gewaltgeschichte hinter der legitimatorischen westlichen Selbstbeweihräucherung), wären in dieser Vorlesung auf einen antirömischen, einen antijuridischen Foucault gestoßen, der seinerseits alles bestimmten antikolonialen Theoretikern der Vergangenheit verdankt.

Das hätte einen vollkommenen Kreis ergeben, doch beim Durchgang durch diesen Kreis nimmt Foucault eine Reihe immer problematischerer Identifizierungen vor: Es mag ja noch angehen, zu entdecken, dass der erste Gegendiskurs als Gegengeschichte firmierte (der »erste historisch-politische Diskurs über die Gesellschaft, der sich von dem bis dahin gepflogenen philosophisch-juristischen Diskurs deutlich absetzt«), genauso, wie es akzeptabel sein mag, dass diese Gegengeschichte offenbar eine Kolonialgeschichte war. Problematischer wird es, wenn diese Kolonialgeschichte ein Diskurs der Rassenkämpfe gewesen sein soll, der den Grundstein für das »rechte Denken« legte: »Er hat nicht mehr den zeremoniellen Charakter der Stärkung der Macht, sondern wird als neues *Pathos* mit seiner Pracht ein Denken prägen, welches großenteils das rechte Denken Frankreichs sein wird: also zum einen die quasi erotische Leidenschaft für historisches Wissen, zum anderen die systematische Pervertierung einer interpretierenden Intelligenz, zum dritten deren verbissene Denunziation und viertens schließlich die geschichtliche Artikulation von Komplotten, Angriffen gegen den Staat, Staatsstreichen oder Schlägen auf oder gegen den Staat.«

Foucault sagt zwar nicht, dass dieses postkoloniale Denken im rechten Denken verwurzelt sei, aber er sagt, dass das rechte Denken im postkolonialen Denken verwurzelt ist: »In diesem Diskurs vermischen sich zugleich subtiles Wissen und [...] grundlegende, schwere und überladene Mythen [...], das verlorene Zeitalter der großen Ahnen, der Anbruch neuer Zeiten und tausendjähriger Rachefeldzüge, die Ankunft des neuen Reiches, welches die alten Niederlagen auslöschen wird [...], der Gedanke des immerwährenden Krieges mit der großen Hoffnung auf den Tag der Rache, der Erwartung des Herrschers der letzten Tage, des *dux novus*, des neuen Anführers, des neuen *Führers*, der Idee der fünften Monarchie oder des dritten *Reiches* [...], das Thema [...] von Karl dem Großen, der in seinem Grab eingeschlafen ist und wieder aufwachen wird, um den gerechten Krieg wieder zu entfachen; jenes der beiden Friedriche, Barbarossa und Friedrichs II., die unter der Erde auf das Erwachen ihres Volkes und Reiches warten.« Das verleiht der Dekolonisation des dekolonialen Diskurses in ihrer linken Variante einen ironischen Dreh: Den dekolonialen Diskurs an seine indigenen Sprecher zu restituieren, hieße, ihn den Rechten zurückzuerstatten. Es hieße auch, diese Diskurse eines hundertjährigen Schlafes aufzuwecken, die man liebend gerne weiterschlafen lassen würde.

Die Frage der Dekolonisierung des Dekolonialen ist Foucaults eigene Frage. Er weiß genau, dass Kolonisierung nicht nur Gegenstand von Diskursen sein kann, sondern dass Diskurse auch Gegenstand von Kolonisierungen sein können. Foucault kann sich im Jahr 1975 sogar vorstellen, irgendwann selbst einmal Betroffener zu sein, wenn er auch für die Gegenwart Entwarnung geben möchte: »Der Zeitpunkt ist noch längst nicht gekommen, an dem wir Gefahr laufen, kolonisiert zu werden.« Wir. Damit meint er in diesem Moment sich selbst, Foucault, der diesen Diskurs hält: »Und besteht nicht zuletzt die Gefahr, daß, sobald die Fragmente der Genealogie offengelegt und diese Wissenselemente, die man zu entstauben versucht hat, zur Geltung und in Umlauf gebracht sind, diese ihrerseits wieder kodiert und durch die einheitlichen Diskurse rekolonialisiert werden?«

Nur, dass er keine Sekunde lang die Kolonisierung durch die Rechte fürchtete, sondern die »von Philosophie und Recht betrieben Kolonisierung und autoritäre Befriedung eines historisch-politischen Diskurses [...], der zugleich Feststellung, Ausrufung und Praxis des Gesellschaftskriegs war. Die Dialektik hat diesen historisch-politischen Diskurs kolonisiert, der sich manchmal mit Eklat, manchmal im Halbschatten, manchmal mittels Gelehrsamkeit und manchmal mit Blut seinen Weg durch die Jahrhunderte in Europa gebahnt hat.« Kolonialherrschaft der Dialektik! Doch die Kolonisierung des antikolonialen Diskurses durch Recht und Philosophie verblasst im Lauf der Vorlesungen neben anderen Kolonisierungen. Dieser Diskurs, »der ursprünglich an die Reaktion des Adels gebunden war«, sei »zu einer Art diskursiver Waffe« geworden, die von allen Gegnern innerhalb des politischen Feldes zum Einsatz gebracht werden konnte«.

Nicht erst heute wird der antikoloniale Diskurs von allen möglichen Seiten kolonisiert. Seine Totalbesetzung ist bereits ein Phänomen des 18. Jahrhunderts. Ein Diskurs und seine zahllosen Besatzungsmächte. Deshalb gibt es bei Foucault einen entscheidenden Gegenbegriff zur »Kolonisierung« des antikolonialen Diskurses, nämlich seine »strategische Polyvalenz«: Ein derartiger Diskurs kann »sich von seinem Entstehungsort, eben der Reaktion des Adels zu Beginn des 18. Jahrhunderts, fortbewegen, um zu diesem allgemeinen Instrument aller politischen Kämpfe des ausgehenden 18. Jahrhunderts zu werden«. Es fragt sich, ob es nicht wenigstens einen politischen Kampf gab, für den das nicht zutraf. Wer hätte diesen Diskurs weniger besetzt als ihn abgeschüttelt?

Anders als Sieyès' zitierter Gedanke von der Revolution als Remigration vermuten lässt, meint Foucault nicht, bei der bürgerlichen Revolution habe es sich lediglich um eine weitere Spielart dieses Diskurses vom »Rassenkrieg« gehandelt. Die bürgerlichen Revolutionäre bedienten sich keineswegs umstandslos dieses »allgemeinen Instruments« des antikolonialen Diskurses. Sie sahen sich eher als eine Art Instrument des Allgemeinen. Sieyès' Worte wurden oft zitiert: »Was ist der Dritte Stand? ALLES. Was ist der Dritte Stand bis jetzt in der politischen Ordnung gewesen? NICHTS. Was verlangt er? ETWAS ZU SEIN.« Bis heute gehört es zum Standardvorwurf an die Adresse des bürgerlich-liberalen Denkens, unter dem Deckmantel universaler Ansprüche partikuläre Interessen zu vertreten.

Allerdings geht dies am entscheidenden Punkt vorbei, dass hier eine partikulare Gruppe für einmal beabsichtigte, tatsächlich für das Universelle selbst einzustehen. Mag sein, dass dieses Vorhaben scheiterte, entscheidender dürfte sein, dass es überhaupt in Angriff genommen wurde. Eine neue Art der Frage wurde virulent: »Wer übernimmt in der Gegenwart das Universelle? Was ist in der Gegenwart die Wahrheit des Universellen?« Es handelte sich, so Foucault, um ein »neues Verhältnis des Partikularen zum Universellen«, nämlich die »genaue Umkehrung« des Diskurses der Adelsreaktion.

Der Unterschied zwischen den revolutionären Bürgerlichen und dem reaktionären Adel hätte darin bestanden, dass Erstere vielleicht partikular waren, Letzterer partikular sein *wollte*: Er »entnahm der monarchischen Einheit ein einzelnes Recht, das von Blut getränkt war und vom Sieg bestätigt wurde: das besondere Recht der Adligen«. Und es ging ihm um die »Herauslösung dieses besonderen Rechts aus der Gesamtheit des Gesellschaftskörpers und seinen Einsatz in seiner Besonderheit.« Die Aristokraten nahmen ein besonderes Recht in Anspruch, das zugleich ein Recht der Stärke war (von Blut getränkt, vom Sieg bestätigt).

Ganz anders die Situation des Dritten Standes, dessen Recht dezidiert kein Recht des Stärkeren ist, aus dem einfachen Grund, dass er die Stärke hatte, nicht aber das Recht: Man meinte, bereits alle substantiellen Funktionen des Staates übernommen (kolonisiert?) zu haben; man schätzte, bereits zu neun Zehntel die Armee, die Justiz, die Verwaltung, die Kirche, das Handwerk, den Handel und die Landwirtschaft besetzt zu haben. Was einzig fehlte, war der der substantiellen Realität entsprechende formale Status: »Jene Leute sind in gewisser Weise im Besitz der substantiellen und funktionalen Elemente der Nation, jedoch nicht im Besitz der formalen Elemente.«

Doch das Recht, das einem damit verwehrt ist, ist im wahrsten Sinne des Wortes zur damaligen Zeit niemandes Recht. Wenn Sieyès sagt, dass man »für eine Nation zwei Dinge braucht: ein gemeinschaftliches Gesetz und eine gesetzgebende Versammlung, wenn es um einen Rechtsstaat geht«, dann wird hier auf eine gänzlich neuartige Weise Exklusion gedacht. Der Dritte Stand ist exkludiert, ja, aber wovon? Von einer primär rechtlich verstandenen Nation, die so noch gar nicht existiert und deshalb aber auch noch nicht kolonisiert worden sein kann, die von niemandem in Beschlag genommen ist.

Das im eigentlichen Sinn postkoloniale Projekt wird deshalb darin bestehen, den Abstand zu überbrücken, der zwischen der eigenen substantiellen Stärke besteht und dem Ausgeschlossensein aus einem Gebilde, das erst noch zu errichten ist: »Übergang vom Virtuellen zum Realen, der Übergang von der nationalen Totalität zur Universalität des Staates«. Den dekolonialen Diskurs dekolonisieren? Wenn das die Wahl impliziert, ihn von allen möglichen illegitimen Besetzern freizuhalten oder sich von der Besetzung durch den dekolonialen Diskurs freizumachen, dann ist das genau das Entweder-Oder Foucaults: Wir können entweder die Geschichte des »zerrissenen Anfangs« erzählen (hinter der täuschend ruhigen Oberfläche der Gegenwart die untergründigen Rassenkämpfe zwischen Kolonisatoren und Kolonisierten) oder aber die Geschichte der totalisierenden Vollendung in der Gegenwart: »Grob gesagt wird das dem ersten Raster zugestandene Erkenntnisprimat – jenes des zerrissenen Anfangs – eine Geschichte ergeben, die man, wenn Sie so wollen, reaktionär, aristokratisch, rechtsgerichtet nennen wird. Das dem zweiten zugestandene Privileg – das gegenwärtige Moment der Universalität – wird eine Geschichte liberalen oder bürgerlichen Typs ergeben.«

Man hätte glauben können, es sei rechts, den dekolonialen Diskurs abschütteln zu wollen; links, ihn seinen angestammten Sprechern zurückerstatten zu wollen. Aber es ist genuin rechts, eine Invasion von außen ausfindig machen zu wollen, in das Eigene, das man immer schon besessen haben möchte, wohingegen höchstens dann, wenn wir den dekolonialen Diskurs abgestreift haben, »die Gegenwart zum vollen Moment wird, zum Moment der größten Intensität, zu dem feierlichen Moment, in dem sich der Eintritt des Universellen in das Reale vollzieht«.

Halbschatten des Kolonialismus

Von Andreas Eckert

Gute und nicht so gute Schüler

Ende September 1966 reiste Michel Foucault nach Tunesien, um eine Professur für Philosophie an der Universität Tunis anzutreten. Tunesien, »ein Land, das von der Geschichte gesegnet ist und, weil es Hannibal und den heiligen Augustus hervorgebracht hat, das ewige Leben verdient«, wie Foucault später sagen sollte, war zu diesem Zeitpunkt in Aufruhr.[1] 1956 als eine der ersten französischen Kolonien auf dem afrikanischen Kontinent unabhängig geworden, musste sich das Land mit den Geburtswehen nachkolonialer Gesellschaften auseinandersetzen: mit politischem Fraktionismus, Experimenten in Social Engineering und zahlreichen politischen Ideologien von Sozialismus über Panafrikanismus zu Panarabismus. Und natürlich mit seinem Verhältnis zur weiterhin sehr präsenten ehemaligen Kolonialmacht Frankreich.[2] Währenddessen schrieb Foucault in der pittoresken Künstlerkolonie Sidi Bou Saïd an seiner *Archäologie des Wissens*, umgab sich weitgehend mit französischen Kollegen und Bekannten und engagierte sich gelegentlich für von der Staatsmacht verfolgte Studierende. Von Begegnungen mit Sexpartnern abgesehen – über die Bewertung dieser Zusammenkünfte kommt es

bis heute freilich immer wieder zu hitzigen Debatten –, scheint er kaum Kontakte zu Einheimischen unterhalten zu haben. Eine fundierte Auseinandersetzung mit Fragen des Kolonialismus und den Problemen nachkolonialer Ordnungen lässt sich bei ihm nicht ausmachen. Im Gegenteil: Zuweilen kann man sich des Eindrucks nicht erwehren, Foucault habe in Tunesien eher das Leben eines Kolonialherren geführt. Erst im Nachhinein und als Reaktion auf kritische Nachfragen hat er die tunesische Studentenrevolte vom März 1968 als für ihn markante politische Erfahrung deklariert.

Auf den ersten Blick ist es daher umso erstaunlicher, dass Foucault ein, zwei Jahrzehnte später zu einer wichtigen Referenz für die Entwicklung postkolonialer Ansätze, aber auch für viele Studien werden sollte, die sich mit der kolonialen Ordnung in Afrika oder Asien auseinandersetzen. Seine Rezeption bei zentralen Autoren des Postkolonialismus war freilich ambivalent, zuweilen gar feindselig. Dabei ist zu unterscheiden: Einerseits schien vieles von Foucault auf die koloniale Arena übertragbar zu sein – seine Betonung von Formen der Autorität und des Ausschlusses zum Beispiel; seine Analyse der Operationen der Machttechnologien, der Überwachungsapparate oder der Gouvernementalität. Andererseits gibt es in Foucaults Werk so gut wie keine expliziten Diskussionen über Kolonialismus und »Rasse«. Er blieb seltsam zurückhaltend in Bezug auf die Art und Weise, wie Macht in diesen Arenen funktionierte. Zugespitzt formuliert: Sein Werk kommt sehr eurozentrisch daher.[3]

---

1 Zit. n. Didier Eribon, *Michel Foucault. Eine Biographie*. Aus dem Französischen von Hans-Horst Henschen. Frankfurt: Suhrkamp 1991.

2 Kenneth Perkins, *A History of Modern Tunisia*. Cambridge University Press 2004.

3 Robert J. C. Young, *Postcolonialism. An Historical Introduction*. Oxford: Blackwell 2001.

In der vielbeachteten und gelobten Studie von Onur Erdur über die kolonialen Wurzeln der französischen Theorie gibt Foucault unter den acht verhandelten Denkern, die die »Schule des Südens« besucht haben, die schlechteste Figur ab.[4] Der Berliner Historiker und Kulturwissenschaftler greift viele der im Raum stehenden Vorbehalte gegenüber Foucaults Desinteresse an kolonialen Fragen, aber auch seinem »orientalistischen« Gebaren auf. Zu den schärfsten Kritikern gehörte, wie Erdur darlegt, ausgerechnet Edward Said, der mit seinem 1978 veröffentlichten Buch *Orientalism* entscheidend dazu beigetragen hatte, die Imperialismusdebatte von Marx auf Foucault umzuorientieren, und dabei zu zeigen versuchte, dass der Orientalismus – die Konstruktion des »Orients« und die damit verknüpften Repräsentationstechniken sowie die Instrumentalisierung dieses akademisch informierten »Wissens« zur kolonialen Herrschaftsstabilisierung – Teil eines, im Foucault'schen Sinne, »Macht-Wissen-Komplexes« waren.[5]

Man merkt Erdur deutlich an, dass ihm Foucault, der ego- und eurozentrische Kritiker der Macht, der sich »verglichen mit anderen Philosophen und ihrem Umgang mit der eigenen postkolonialen Situation [...] nicht gerade mit Ruhm« bekleckert habe, nicht übermäßig sympathisch ist. Gleichwohl zeichnen sich Erdurs Darlegungen dadurch aus, dass er nicht pauschal verdammt, sondern bei Foucault, ebenso wie bei den anderen Protagonisten seines Buches, sorgfältig die Grenzen zwischen antikolonialem Engagement und kolonialer Verwicklung auslotet. Dass Foucault zu den weltweiten Debatten über das Erbe des Kolonialismus kaum etwas beizutragen habe, könne ihm nur vorwerfen, »wer allzu hohe Erwartungen an die prophetischen Fähigkeiten und die moralische Integrität von Intellektuellen hat und wer Philosophie nur noch als eine besonders anspruchsvolle Form moralischen Engagements wahrnimmt«.

Bei allen anderen Akteuren – Pierre Bourdieu, Jean-François Lyotard, Roland Barthes, Jacques Derrida, Hélène Cixous, Etienne Balibar sowie Jacques Rancière – sind die Bezüge zwischen kolonialer Erfahrung und Werk offenkundiger als bei Foucault. Die zentrale These, die Erdur in seinem elegant geschriebenen Buch formuliert, lautet, dass »zentrale Schlagwörter und Werke der französischen Theorie ohne die kolonialen Grenz- und Differenzerfahrungen ihrer Protagonisten nicht zu verstehen sind«. Diese Theorie sei nicht in einem abstrakten und luftleeren Raum entstanden, sondern immer in lokalen, his-

Es gibt eine Reihe von Studien, die etwa große Vorbehalte gegenüber der Nützlichkeit von Konzepten wie Gouvernementalität für die Analyse der Kolonialgeschichte Afrikas äußern. Vgl. Frederick Cooper, *Kolonialismus denken. Konzepte und Theorien in kritischer Perspektive*. Aus dem Englischen von Reinhart Kößler u. Rohland Schuknecht. Frankfurt: Campus 2012; Michael Pesek, *Foucault Hardly Came to Africa: Some Notes on Colonial and Postcolonial Governmentality*. In: *Comparativ*, Nr. 21/1, 2011.

4   Onur Erdur, *Schule des Südens. Die kolonialen Wurzeln der französischen Theorie*. Berlin: Matthes & Seitz 2024.

5   Saids anfängliche, dann aber sehr rasch abkühlende Bewunderung für Foucault beschreibt Timothy Brennan, *Places of Mind. A*

Life of Edward Said. New York: Farrar, Straus & Giroux 2021.

torischen und individuell erfassten sozialen Kontexten.

Einen wichtigen Kontext für die in der Studie versammelten Intellektuellen bildete die Erfahrung der Dekolonisierung. Eine Reihe ihrer theoretischen Innovationen hingen daher, so Erdur, mit dem Versuch zusammen, den mit dem formalen Ende der Kolonialherrschaft verbundenen Zusammenbruch einer bestimmten politischen und kulturellen Ordnung in der französischen Gesellschaft zu reflektieren und zu begreifen. Zugleich vermeidet der Autor eine homogenisierende Erzählung und verdeutlicht mithilfe markanter Porträts die beträchtlichen Unterschiede zwischen den Settings, Theorien, Orten und Zeiten, in denen die Protagonisten jeweils agierten.

Bei aller Brillanz der Ausführungen ist Erdurs Grundthese nicht neu. Es gibt sie, seit es postkoloniale Ansätze gibt, und für einige der im Buch betrachteten Denker ist der Zusammenhang zwischen Kolonie und Œuvre bereits intensiv analysiert. Dies gilt insbesondere für Pierre Bourdieu, der nach seinem 1957 beendeten Militärdienst in Algerien vor Ort blieb, um auf der Grundlage zum Teil riskanter Feldforschungen unter den Bedingungen des Dekolonisationskrieges die Transformationen städtischer und ländlicher Gesellschaften zu untersuchen, wobei er sich vor allem für die Berbergesellschaften interessierte. Mit Unterstützung einer kleinen Gruppe von Mitarbeitern führte er zwei große Erhebungen durch: Eine widmete sich dem Arbeitsbegriff im städtischen Umfeld, die andere beschäftigte sich mit den »entwurzelten« Bauern, die er in von den Franzosen eingerichteten Umsiedlungslagern beobachtete.

Für die französische Vertreibungspolitik fand Bourdieu scharfe Kritik und nannte sie einen Vernichtungsvorgang. Er war einer der ersten französischen Wissenschaftler, der ein Buch in Ko-Autorenschaft mit einem Kollegen, Abdelmalek Sayad, verfasste, der als »koloniales Subjekt« geboren wurde.[6] In seinem späteren, höchst einflussreichen Œuvre hat Bourdieu immer wieder Bezug auf Algerien genommen, so etwa in seinem berühmten *Entwurf einer Theorie der Praxis auf der Grundlage der kabylischen Gesellschaft*, der in den frühen siebziger Jahren entstand. Viele seiner während der Jahre in Algerien sowie später zu Algerien verfassten Texte liegen in deutscher Sprache vor.[7] Sie bieten nicht nur einen Einblick in die Grundlegung von Bourdieus Sozialtheorie, sondern vermitteln – gerade vor dem Hintergrund fortdauernder Debatten über den Kolonialismus und seine langen Schatten – faszinierende Einblicke in die spätkoloniale Gesellschaft Algeriens.

Zu Recht macht Erdur darauf aufmerksam, dass im Falle Bourdieus Algerien zwar das Laboratorium einer Theorie war und dass in diesem spezifischen Kontext die Frage nach dem Zusammenhang von Habitus und Sozialstruktur aufkam. Gleichwohl sei es problematisch, zu behaupten, die gesamte Habitus-Theorie sei in Algerien entstanden, entsprungen oder gar geboren. Die Geschichte von Bourdieus Habitus-Konzept müsse vielmehr »als eine Art transkulturelle Verflechtung und Wan-

6 Pierre Bourdieu / Abdelmalek Sayad, *Le Déracinement. La crise de l'agriculture traditionnelle en Algérie*. Paris: Minuit 1964.
7 Pierre Bourdieu, *Algerische Skizzen*. Aus dem Französischen von Bernd Schwibs u. Achim Russer. Berlin: Suhrkamp 2010.

derung von Theorie« begriffen werden, in der Algerien ein wichtiger, aber nicht der einzige bedeutende Kontext sei. »Das Kontingente am Geschichtlichen«, hält Erdur fest, gelte im Übrigen auch für die Genese und Geltung theoretischer Gedankengebäude: »Es hätte vieles auch anders laufen können.«

Der Kolonialismus-Soziologie-Nexus

Auch bei George Steinmetz ist Bourdieu ein wichtiger Protagonist, dient daneben aber auch als methodisch-theoretischer Inspirator. In seiner nun auf Deutsch vorliegenden beeindruckenden Darlegung der kolonialen Ursprünge moderner Sozialtheorie in Frankreich entwickelt der an der University of Michigan lehrende amerikanische Soziologe einen spezifischen, ausführlich erläuterten methodologischen Zugang, den er ein wenig jargonhaft »eine neo-bourdieusche historische Wissenschaftssoziologie« nennt.[8]

Dahinter verbirgt sich im Kern Bourdieus Verständnis von sozialer Praxis als Wechselbeziehung zwischen dem Habitus eines Individuums, seinen Positionen und seinem strategischen Verhalten innerhalb bestimmter sozialer Felder, das Steinmetz um eine Reihe von Komponenten erweitert, etwa eine stärkere Berücksichtigung der Beziehungen zwischen »Feldern« und umfassenderen gesellschaftlichen oder historischen Rahmenbedingungen sowie das Erfordernis expliziterer Analysemethoden für Texte und visuelle Werke. Steinmetz verbindet seinen Anspruch,

mithilfe seines methodischen Zugriffs ideengeschichtliche Ansätze zu überwinden, die sich auf das Paraphrasieren von Texten und das Nachzeichnen von Genealogien und Einflüssen beschränken, mit substantiellen empirischen Befunden. Es ist gerade die Mischung aus theoretischer Ambition und breiten materiellen und archivalischen Grundlagen, die dieses Buch zu einer so überzeugenden Darstellung der Verknüpfungen von Sozialwissenschaften und Kolonialismus und ihrer Relevanz für aktuelle Debatten macht.

Steinmetz zeigt am französischen Beispiel detailliert die Entstehung eines »Kolonialismus-Soziologie-Nexus« in den Jahren nach dem Zweiten Weltkrieg auf, als die rasant wachsende Bedeutung kolonialer Entwicklungsprojekte zu einer verstärkten Nachfrage nach sozialwissenschaftlicher Expertise führte.[9] Soziologie wurde für Planer und Verwalter zunehmend attraktiv, die die vor allem in Afrika verbliebenen Kolonien modernisieren wollten, um sie besser ausbeuten zu können. Gefragt waren Soziologen als Spezialisten für »soziale Probleme« wie »Detribalisierung«, Urbanisierung, Armut und Arbeitsmigration. Dieser koloniale Kontext bildete bald eine zentrale Komponente einer Disziplin, die in französischen Universitäten und Forschungseinrichtungen in den fünfziger

8 George Steinmetz, *Die kolonialen Ursprünge moderner Sozialtheorie. Französische Soziologie und das Überseeimperium.* Aus dem Englischen von Daniel Fastner. Hamburger Edition 2024.

9 Steinmetz arbeitet derzeit an einer weiteren Monografie über die kolonialen Ursprünge der britischen Sozialwissenschaften. Als Vorarbeit vgl. George Steinmetz, *A Child of the Empire. British Sociology and Colonialism, 1940s–1960s.* In: *Journal of the History of the Behavioral Sciences*, Nr. 49/4, 2013; für vergleichende Perspektiven ders., *Sociology and Colonialism in the British and French Empires, 1945–1965.* In: *Journal of Modern History*, Nr. 89/3, September 2017.

und sechziger Jahren neue Substanz und Konturen gewann.

In der Nachkriegszeit arbeitete etwa die Hälfte der französischen Soziologen in Kolonien oder an kolonialen Themen. Viele jüngere Wissenschaftler sahen in diesem Fach eine Art Avantgarde, eine Disziplin des Aufbruchs, politisch in Bezug auf den Kolonialismus wenig kompromittiert, während die Ethnologie zu sehr als Büttel des kolonialen Projekts erschien. Die Grenzen zwischen Soziologie und Ethnologie beziehungsweise Sozialanthropologie waren jedoch fließend, bezüglich ihrer Methoden und Fragestellungen ebenso wie institutionell. Zahlreiche Forscher bewegten sich zwischen den Disziplinen hin und her. Von einer friedlichen Koexistenz konnte freilich keine Rede sein. Das Verhältnis beschreibt Steinmetz als »Mischung aus Feindseligkeit und Kooperation, Protektionismus und Austausch«.

Intellektuelle in den nach Unabhängigkeit strebenden Kolonien forderten verstärkt, dass ihre Gesellschaften genauso wie die Regionen des nordatlantischen Raums nun auch von Soziologen erforscht werden sollten. Steinmetz verweist darauf, dass »koloniale Soziologie«, definiert als »jegliche Formen soziologischer Theoriebildung und Forschung über Übersee-Kolonien und koloniale Phänomene, Reiche und imperiale Phänomene«, ein breites politisches Spektrum umfasste, das neben scharfen Kritikern des Kolonialsystems durchaus Apologeten der kolonialen Ordnung einschloss. Vor dem Hintergrund aktueller Polarisierungen und der, so scheint es, verbreiteten Tendenz, alles und jeden »dekolonisieren« zu wollen, besteht er glücklicherweise darauf, die Ambivalenz dieses Feldes zu ertragen.

Diese Ambivalenz arbeitet Steinmetz eindringlich in einem umfassenden Teil seiner Studie heraus, der vier Soziologen gewidmet ist, die auf markante, aber sehr unterschiedliche Weise den »Kolonialismus-Soziologie-Nexus« prägten: Raymond Aron, der eine Soziologie der Imperien entwarf; Jacques Berque, Arabist, in Frankreich einst führend auf dem Gebiet der soziohistorischen Erforschung Nordafrikas; Georges Balandier, der die französische Afrika-Soziologie begründete; und schließlich Pierre Bourdieu. Steinmetz plädiert mit Nachdruck dafür, Denker der (späten) Kolonialzeit nicht ohne sorgfältige Lektüre ihres gesamten Werks und der Verortung ihrer Schriften zu verurteilen.

Die verbreitete Annahme, alle Wissenschaftler, die mit Kolonialismus in Kontakt kamen, hätten sich automatisch schuldig gemacht, oder die Auffassung, ihr Werk müsse nicht sorgfältig gelesen und ernst genommen werden, seien problematisch. Steinmetz zitiert in diesem Zusammenhang Bourdieus Kritik derjenigen, »die sich heute gern zu Richtern aufwerfen und sich darin gefallen, Lob und Tadel an die Ethnologen und Soziologen der kolonialen Vergangenheit auszuteilen«. Man müsse jedoch zu verstehen suchen, »woran es gelegen hat, dass auch die Klarsichtigsten und Wohlmeinendsten unter ihren Angeklagten manches nicht verstehen konnten, was heute auch für die weniger Klarsichtigen und bisweilen sogar für die Böswilligsten evident ist«.[10]

---

10 Bourdieu war laut Steinmetz der erste Soziologe, der »ausdrücklich und in diesen Worten« eine »Dekolonisation der Soziologie« forderte. Vgl. *Les conditions sociales de la production sociologique. Sociologie coloniale et décolonisation de la sociologie.* In: Henri Moniot (Hrsg.), *Le mal*

Unter den vier Porträtierten – daneben bietet Steinmetz unter Einbezug »indigener« Soziologen auch ein höchst informatives und vielschichtiges Gruppenprofil der im Bereich der kolonialen Soziologie tätigen Wissenschaftler – soll der Afrikaforscher Georges Balandier (1920–2016) herausgegriffen werden. Für dessen bisher marginale Präsenz in der Historiografie der französischen Soziologie lassen sich Steinmetz zufolge drei Gründe anführen. Erstens habe die Verleugnung der Kolonialforschung zu Beginn der nachkolonialen Zeit eine klaffende Lücke in der Erinnerung der Disziplin hinterlassen. Zweitens existiere eine mangelnde Vertrautheit mit den Orten, an denen Balandier seine Feldforschung betrieben hat und die wie Guinea oder Kongo zu den heute ärmsten Ländern Afrikas und der Welt gehören. Drittens schließlich habe Balandier nie ein einheitliches Theoriesystem geschaffen, das mit Lévi-Strauss' Strukturalismus oder Bourdieus Feldtheorie zu vergleichen wäre.

Allerdings könnte man ergänzen, dass Balandier zumindest in der frankophonen Afrikaforschung bis heute sehr präsent ist.[11] Auch in der umfassenden Historiografie zum kolonialen Afrika bildet Balandier eine wichtige Referenz, was sich vor allem seinem zuerst 1951 publizierten und später

vielfach übersetzten Aufsatz über die »koloniale Situation« verdankt.[12]

In diesem Beitrag lenkte Balandier die soziologische Tradition in eine neue Richtung, indem er das »koloniale Problem« in der Nachkriegsära als »Totalität« begriff. Er definierte Kolonialismus als System, das sich aus Ausbeutung, Unterwerfung und dem Verlust von Souveränität, einem in systemischem Rassismus begründeten Minderheitenstatus für die Mehrheit der Bevölkerung sowie Formen der »geistigen Herrschaft« zusammensetzte. Eine Analyse der kolonialen Situation, argumentierte Balandier, erfordere die Beachtung all dieser verschiedenen Faktoren, von denen keiner als primäre Ursache angenommen werden könne.

Kolonialismus, führte er weiter aus, stelle eine Anordnung zweier getrennter Gesellschaften in einem einzigen geografischen Raum dar, der jedoch radikal hierarchisch, fragmentiert und antagonistisch sei. Daher müsse der Kolonialismus im Hinblick auf die subjektiven und objektiven Verhältnisse rational, unter Berücksichtigung von Konfliktstrukturen prozessual und historisch analysiert werden. Balandier beschrieb Kolonialismus also als Machtverhältnis, das sich aus einer bestimmten Geschichte herleitete und grundlegende, aber komplexe soziale, wirtschaftliche, politische und kul-

---

de voir. *Ethnologie et orientalisme. Politique et épistémologie.* Paris: Union Générale d'Éditions 1976.

11 Vgl. etwa das nach Baladiers Tod veröffentlichte Themenheft der von ihm mitbegründeten *Cahiers d'Etudes Africaines,* das sich seinem umfangreiche Œuvre und den diversen Einflüssen, die von ihm ausgegangen sind, widmet: *Terrains et Fugues de Georges Balandier.* Hrsg. v. Eloi Ficquet u. Benoît Hazard. *Cahiers d'Etudes Africaines,* Nr. 228, 2017.

12 Georges Balandier, *La situation coloniale. Approche théorique.* In: *Cahiers Internationaux de sociologie,* Nr. 11, 1951. In (gekürzter) deutscher Übersetzung: *Die koloniale Situation. Ein theoretischer Ansatz.* In: Rudolf von Albertini (Hrsg.), *Moderne Kolonialgeschichte.* Köln: Kiepenheuer & Witsch 1970. Zur Bedeutung von Balandiers Ansatz für die Erforschung des Kolonialismus vgl. Cooper, *Kolonialismus denken.*

turelle Bedeutungen hatte. Sein Aufsatz ist weiterhin höchst relevant in einer Gegenwart, in der viele meinen, sich ausschließlich auf die Schrecken des Kolonialismus konzentrieren zu können und dass ein Text Frantz Fanons ausreichen würde, um diese zu vermitteln.

In zahlreichen weiteren Schriften stellte Balandier viele der bis dahin gängigen Weisheiten über Kolonialismus und gesellschaftliche Ordnungen südlich der Sahara infrage. Sein Eintreten für eine dynamische Soziologie der Moderne in Afrika verband sich mit einer scharfen Kritik an damals in Frankreich dominanten ethnologischen Trends, die sich, wie im Fall Marcel Griaules und seines Schülerkreises, auf die Bedeutung von Ritualen, Mythen und Symbolen beschränkten. Balandier hingegen veröffentlichte die ersten soziologisch-ethnologischen Studien überhaupt, die sich mit dem urbanen Leben im frankophonen Afrika beschäftigten. Darin beschrieb er prekäre Lebensbedingungen, rapide Mobilität, den Zusammenbruch von Verwandtschaftsbeziehungen, aber auch weiterbestehende Verbindungen zu den ländlichen Herkunftsregionen.[13]

Wie Steinmetz zeigt, gehörte die Afrika-Soziologie von den späten fünfziger bis weit in die sechziger Jahre hinein in Paris zu den bei Studierenden besonders stark nachgefragten Bereichen. Und insbesondere Balandier, der an der Sorbonne seit 1962 einen Lehrstuhl für Ethnologie und Soziologie »Schwarzafrikas« und dann ab 1967 den Lehrstuhl für allgemeine Soziologie innehatte, war ein gesuchter Lehrer, Prüfer und Doktorvater.

Sein Beispiel steht nicht zuletzt für die spezifischen Kontexte, in denen »koloniale Soziologie« in den beiden Dekaden nach dem Zweiten Weltkrieg florieren konnte. Dazu gehörten ein deutlicher Anstieg von Forschungsressourcen, die wachsende Betonung wissenschaftlicher und intellektueller Freiheit sowie die Möglichkeit, sich durch die Kritik an einflussreichen Denktraditionen zu profilieren. Schließlich kam der kolonialen Soziologie zugute, dass sie an der sensiblen Grenze zwischen Kolonisierenden und Kolonisierten in Zeiten massiven kulturellen und politischen Wandels tätig war. Auf diese Weise entstanden intellektuelle Kontaktzonen, die neue Ideen und Paradigmen in sozialwissenschaftliche Debatten trugen.

Soziologische Amnesie?

Die komplexe Geschichte der »Kolonialsoziologie«, die Steinmetz materialgesättigt und methodisch reflektiert ausbreitet, war in der kollektiven Erinnerung des Fachs lange nicht präsent. Diese »Amnesie« hängt, so Steinmetz, etwa mit dem Selbstverständnis einer Disziplin zusammen, für die Selbstreflexivität und Historisierung weitgehend Anathemata seien und die sich als vorwärtsblickend, produktiv und »nützlich« präsentiere. Zudem fokussiere sich die Soziologie noch immer weitgehend auf den »globalen Norden«, während Fachvertreter, die sich mit Afrika oder Asien beschäftigen, entweder gleich als Ethnologen etikettiert

---

13 Georges Balandier, *Sociologie actuelle de l'Afrique noire. Dynamique des changements sociaux en Afrique centrale.* Paris: PUF 1955; ders., *Sociologie des Brazzavilles noires.* Paris: Armand Colin 1955. Ihr britisches Pendant hatten Balandiers Studien in den Forschungen der »Manchester School«. Vgl. etwa Arnold L. Epstein, *Politics in an Urban African Community.* Manchester University Press 1958.

oder pauschal der »Entwicklungssoziologie« zugeschlagen würden.

Besonders scharf geht Steinmetz mit der US-amerikanischen Soziologie ins Gericht, die sich »recht unnachgiebig auf die unmittelbare Gegenwart in der amerikanischen Heimat« konzentriere. Ihr provinzieller Fokus gehe einher mit einem »Glauben an axiomatische Neutralität«. Für die selbsternannten »wertfreien« Soziologen seien die Begriffe »Imperium« und »Kolonialismus« daher politisch zu sehr aufgeladen, zu abschreckend. Dem hält Steinmetz ein überzeugendes Plädoyer für die große Aktualität der von »kolonialen Soziologen« aufgeworfenen Fragen und Perspektiven entgegen, die überdies helfen können, in der kolonialen Phase der Soziologie mehr zu sehen als einen Alpdruck, der auf der Gegenwart lastet.

www.klett-cotta.de

Arno Frank
Ginsterburg
Roman

432 Seiten, gebunden mit Schutzumschlag
ISBN 978-3-608-96648-0
€ 26,– (D) / € 26,80 (A)

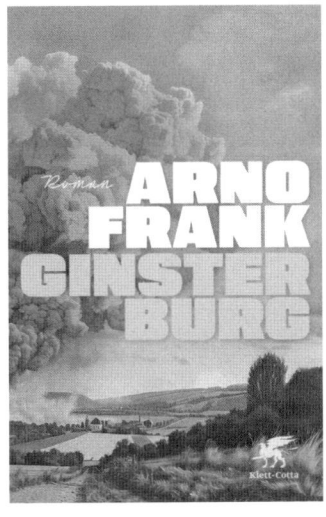

Der große Roman von Arno Frank über Menschlichkeit in unmenschlichen Zeiten

Nach der Machtergreifung ist in Ginsterburg ein neuer Alltag
eingekehrt. Manche Einwohner der kleinen Stadt leiden,
andere profitieren – und die meisten versuchen, sich mit der
neuen Ordnung zu arrangieren. Allmählich aber öffnet sich
unter dem Alltag der Abgrund. Ein feinfühliger und atmo-
sphärischer Roman über Liebe, Familie, Freundschaft – und
persönliche Verstrickungen in den Jahren 1935 bis 1945.

Klett-Cotta

Mehr Bürokratie wagen

Von Michel Küppers

In einer von der Initiative Neue Soziale Marktwirtschaft (INSM) in Auftrag gegebenen Studie gaben 92,3 Prozent der Befragten an, der bürokratische Aufwand sei für Unternehmen und Bürger zu hoch.[1] Die Zahlen scheinen das zu bestätigen. Nach Berichten des ZDF soll die Belastung durch Bürokratie 2023 so hoch gewesen sein wie nie zuvor.[2] Kein Wunder, dass sich führende Politiker jedweder Couleur dem Bürokratieabbau verschrieben haben. Doch spätestens seitdem Christian Lindner im Dezember 2024 bei Caren Miosga dazu aufrief,[3] mehr Musk und Milei zu wagen, wachsen auch Zweifel: Könnte so manche Forderung nach Bürokratieabbau nicht vielleicht doch zu weit gehen?

Die Kritik am Bürokratieabbau hat eine kleine, bescheidene Tradition in den politischen Feuilletons. Im *Merkur* widmete Ralph Bollmann dem Lob der Bürokratie bereits 2012 einen ausführlichen Essay.[4] Darin hält er der geistlosen Bürokratiekritik Edmund Stoibers den geistreichen Max Weber entgegen. Es folgen ein kenntnisreicher Streifzug durch die deutsche Verwaltungsgeschichte und eine Reihe die Vorzüge der Bürokratie ausweisender Anekdoten. Bollmanns zentrale These lautet, dass Bürokratie keine hinreichende, wohl aber eine notwendige Bedingung für einen stabilen demokratischen Rechtsstaat und eine funktionierende Marktwirtschaft ist. Die Alternative zur bürokratischen Verwaltung sei die dilettantische. Wo die Bürokratie des modernen Verwaltungsstaates fehle, da herrsche die Willkür der charismatischen Herrschaft in Gestalt des modernen Diktators oder die Unfreiheit des vormodernen Personenverbands.

Nun haben allerdings auch die härtesten Bürokratiekritiker noch nie ernsthaft eine grundsätzliche Abkehr von der rationalen Herrschaft Weberscher Provenienz gefordert. Will man verstehen, weshalb Bürokratiekritik trotzdem so leicht verfängt (und zugleich niemals an ein Ende kommt),

1 Umfrage zur Bürokratie in Deutschland vom 19. Februar 2024 (www.neuesozialemarktwirtschaft.de/fileadmin/insm-dms/downloads/INSM-Umfrage_Buerokratie_in_Deutschland.pdf). Kritisch zur INSM Thomas Fricke, *Propaganda für die Welt von vorgestern*. In: *Spiegel online* vom 18. Juni 2021 (www.spiegel.de/wirtschaft/unternehmen/initiative-neue-soziale-marktwirtschaft-propaganda-fuer-die-welt-von-vorgestern-a-904a71b4-e5f0-4ed5-83d6-e2ee19424142).

2 *Ergebnis des Jahresberichts: Belastung durch Bürokratie so hoch wie nie*. In: *ZDF heute* vom 20. November 2023 (www.zdf.de/nachrichten/politik/deutschland/verwaltung-buerokratie-gesetz-belastung-buschmann-ampel-regierung-100.html).

3 Christian Lindner, »*Arroganz gegen Milei und Musk können wir uns nicht leisten*«. In: *Handelsblatt* vom 8. Dezember 2024 (www.handelsblatt.com/meinung/gastbeitraege/gastbeitrag-arroganz-gegen-milei-und-musk-koennen-wir-uns-nicht-leisten/100093420.html).

4 Ralph Bollmann, *Lob der Bürokratie*. In: *Merkur*, Nr. 755, April 2012. Mit ähnlicher Stoßrichtung jüngst Kurt Kister, *Schon Goethe war ein Bürokrat*. In: *SZ* vom 5. Dezember 2024.

muss man den Blick wohl doch anders justieren: Auf der einen Seite besteht in der Bevölkerung ein weitverbreitetes, nicht per se unberechtigtes, aber eben auch unspezifisches Ressentiment gegen »die Bürokratie«. Bürokratisch sind hier wahlweise der aufgeblähte Staatsapparat, die Arbeitsmoral »der« Beamten, eine engstirnige und pedantische Geisteshaltung, eine unverständliche Ausdrucksweise, die fehlende Digitalisierung, unnötige Behördengänge oder ein Wust an vermeintlich sinnlosen Vorschriften. Die Unzufriedenheit bezieht sich aber nie nur auf einen einzelnen Vorgang, ein spezifisches Gesetz oder eine bestimmte Behörde, sondern beklagt immer zugleich einen allgemeinen, als defizitär empfundenen Zustand. Auf der anderen Seite haben sich in Deutschland seit den 1970er Jahren Initiativen und Institutionen herausgebildet, die das Ziel verfolgen, die Bürokratie systematisch zu vermessen und abzubauen.

Die permanente Thematisierung und die in diesem Zusammenhang erstellten Gutachten und Berichte verstärken bei gleichzeitigem Ausbleiben greifbarer Ergebnisse das allgemeine Ressentiment und erhöhen den politischen Druck, die Anstrengungen zum Bürokratieabbau zu verstärken – was wiederum zu einem weiteren Ausbau eben dieser Institutionen führt. Mit Max Weber hat diese Dynamik wenig zu tun. Will man ihr auf den Grund gehen, muss man sich die lange und verworrene Geschichte der Bürokratiekritik vergegenwärtigen.

Dass wir heute über ein griffiges Wort verfügen, um unserem Frust über die Regulierungswut des Staates Ausdruck zu verleihen, verdanken wir einem Möbelstück.

Das »Bureau« war ein mit Stoff bezogener Tisch, an dem französische Beamte zu arbeiten pflegten. Im Laufe der Zeit weitete sich die Bedeutung des Ausdrucks und umfasste auch die Arbeitsräume der Staatsdiener. In Verbindung mit dem altgriechischen *Krátos* gelangte man zur *Bureaucratie,* der Herrschaft der Amtsstube. Der spöttisch-ironische Ausdruck geht auf den französischen Ökonomen und Staatsmann Vincent de Gournay (1712–1759) zurück, der damit seinen Unmut über die Handelspolitik seines Landes zum Ausdruck brachte. Im 19. Jahrhundert fand der Begriff dann Eingang in die politischen und verwaltungswissenschaftlichen Schriften der Zeit. Bürokratie blieb aber, allen Versuchen der Versachlichung und Verwissenschaftlichung zum Trotz, ein Schmähwort.[5] 1846 spottete der Staatsrechtler Robert Mohl, die unterschiedlichsten gesellschaftlichen Gruppen seien »wundersam einstimmig in ihrer Verwerfung, im verachtenden Hasse gegen die Bureaukraten; allein unmöglich können diese Alle das Nämliche meinen, weil sie so weit entfernt sind, das Nämliche zu wollen«.[6]

Das Ressentiment gegen die Bürokratie blickt also auf eine lange Geschichte zurück und war schon immer gleichsam politisch und unbestimmt. Ab den 1970er Jahren nahm das Lamento über lebensferne Beamte, unnötig komplizierte Verwal-

---

5   Ausführlich zur Begriffsgeschichte der Bürokratie: Martin Albrow, *Bureaucracy.* London: Pall Mall Press 1970; Bernd Wunder, *Bürokratie: Die Geschichte eines politischen Schlagwortes.* In: Adrienne Windhoff-Héretier (Hrsg.), *Verwaltung und ihre Umwelt.* Opladen: Westdeutscher Verlag 1987.

6   Robert Mohl, *Ueber Buereaukratie.* In: *Zeitschrift für die gesamte Staatswissenschaft,* Nr. 3/2, 1846.

tungsabläufe und unliebsame Gesetze jedoch neue Formen an. Damals wandelte sich unter dem Eindruck der Ölkrise und dem wachsenden internationalen Wettbewerbsdruck das Meinungsklima. Die Bürokratie erschien plötzlich als existenzbedrohend, und aus einer Schmähung wurde eine fest umrissene politische Agenda.[7] An diesem Prozess hatte die CDU einen erheblichen Anteil. Die Christdemokraten versuchten sich damals aus der Opposition heraus programmatisch zu erneuern. Heiner Geißler trieb diesen Prozess als CDU-Generalsekretär maßgeblich voran und setzte dabei auf das Thema Bürokratieabbau. Bald gab es kaum eine Rede eines CDU-Politikers mehr, in der nicht gegen die Bürokratie gewettert wurde. Das Programm der CDU zur Entbürokratisierung von Staat und Gesellschaft von 1979 beschwor gar die »lautlose Systemüberwindung«. Die Bürokratie führe in den Sozialismus – ganz ohne Revolution und ohne demokratische Mehrheit, sondern »durch Bürokratisierung gleichsam wie von selbst«.

In den folgenden zwei Jahrzehnten folgte eine Abbauinitiative der anderen. Es gab die Länderkommissionen zur Entbürokratisierung,[8] die Geschäftsstelle Entbürokratisierung im Bundesministerium des Innern, die Waffenschmidt-Kommission, die Schlichter-Kommission, den Sachverständigenrat »Schlanker Staat«, die Mandelkern-Kommission, die Fuchs-Kommission und die Henzler-Kommission: Sie alle hatten sich dem Kampf gegen die Bürokratie verschrieben. In Erinnerung geblieben ist kaum eine von ihnen. Die Forderung nach Bürokratieabbau ist aus der Politik dennoch nicht mehr wegzudenken.

Anfang der 2000er Jahre galten die bisherigen Abbaubemühungen im Wesentlichen als gescheitert. Die CDU/CSU-Fraktion hatte schnell einen Grund ausgemacht. Es mangele an »systematischen, auf die Dauer angelegten und damit durchgreifenden Maßnahmen und Instrumenten zum Rückbau von Bürokratie«.[9] Die Forderung nach Bürokratieabbau war von der allgemeinen Überzeugung getragen, dass die in Deutschland tätigen Unternehmen unter einer unüberschaubaren Anzahl komplizierter und sinnbefreit formalistischer gesetzlicher Vorgaben leiden, die volkswirtschaftlich erheblichen Schaden anrichten. Nur war weiterhin völlig unklar, was überhaupt abgebaut werden sollte.

Die vermeintlich allgegenwärtigen bürokratischen Regeln ließen sich weder einzeln benennen noch abstrakt beschreiben. Man beschränkte sich daher fürs Erste darauf, die Bundesgesetzblätter zu durchforsten und mit großer Emphase die in diesem oder jenem Zeitraum erlassenen Gesetze und Rechtsverordnungen zu zählen. Nun ist allgemein anerkannt, dass diesen Zahlen keinerlei Aussagegehalt zukommt, und Hans Peter Bull weist zu Recht darauf hin, dass sich auch die Bürokratiekritik in Wahrheit gar nicht für den Umfang

---

7 Vgl. ausführlich Pascale Cancik, *Zuviel Staat? – Die Institutionalisierung der »Bürokratie«-Kritik im 20. Jahrhundert.* In: *Der Staat*, Nr. 56/1, 2017. Vgl. auch die Hinweise auf frühere Entbürokratisierungsbestrebungen bei Werner Jann, *Warum Bürokratieabbau so schwer ist.* In: *Berliner Republik*, Nr. 1, 2007 (www.b-republik. de/archiv/warum-buerokratieabbau-so-schwer-ist).

8 Vgl. Christopher Wilkes, *Institutionalisierung der Entbürokratisierung.* In: *Die Verwaltung*, Nr. 22, 1989.

9 Antrag der CDU/CSU-Bundestagsfraktion vom 1. Juli 2003, BT-Drucksache 15/1330.

und die Anzahl an gesetzlichen Vorschrift interessiert: »Laufbahnverordnungen und Besoldungstabellen für Beamte etwa, Ausbildungsordnungen für Handwerksberufe, Steuertabellen, Listen verbotener Emissionen dürfen so lang sein, wie die Verfasser es für nötig halten – als unerwünschte Auswüchse schlechter Normsetzung gelten allenfalls diejenigen Teile solcher Vorschriften, die den Beteiligten Lasten auferlegen.«[10] Aber es blieb der Union gar nichts anderes übrig, denn es mangelte damals an einer präzisen Begriffsbestimmung, an einer Messmethode für die Belastungen durch die Bürokratie.[11]

Als die damalige Oppositionsführerin Angela Merkel im September 2005 eine Senkung der »Bürokratiekosten« um 50 Prozent ankündigte, markierte das den Auftakt einer neuen Phase des Bürokratieabbaus in Deutschland.[12] Nur, wie sollte man dieses Versprechen umsetzen? Die Suche nach Antworten führte in die Niederlande, die damals eine Vorreiterrolle im Bürokratieabbau einnahmen.[13] Ab Mai 2000 war hier erstmals ein Konzept erprobt worden, das

bald in ganz Europa Karriere machen sollte. Die niederländische Regierung wurde verpflichtet, bei jedem Gesetzesvorhaben die dadurch verursachten Bürokratiekosten nach dem sogenannten »Standardkostenmodell« zu berechnen.[14] Es wurde eine unabhängige, auf Dauer angelegte Institution eingesetzt, um diesen Vorgang zu überwachen: das Adviescollege Toetsing Administratieve Lasten (»Rat zur Vermeidung administrativer Lasten«). Nun gab es eine »objektive Messmethode« zur Erfassung der bürokratischen Belastung und eine auf Dauer angelegte, die Regierung kontrollierende Behörde. Politikberatungen in ganz Europa priesen das Verfahren. In Deutschland rührte allen voran die Bertelsmann Stiftung die Werbetrommel. Es war der Traum von einem unpolitischen Bürokratieabbau.

Norbert Röttgen, dem die Aufgabe zufiel, Merkels Wahlkampfversprechen in ein umsetzbares politisches Programm zu überführen, träumte mit. Schnell war ein Arbeitskreis gegründet, und Delegationen der Bertelsmann Stiftung und der CDU reisten nach Den Haag, um sich mit Vertretern des Adviescollege Toetsing Administratieve Lasten auszutauschen. Die gewonnenen Erkenntnisse flossen in einen Bericht ein, wurden Merkel vorgelegt und für gut befunden. Wenig später verständigten sich die Union und die SPD im Koalitionsvertrag darauf, das niederländische

10 Hans Peter Bull, *Bürokratieabbau*. In: *Merkur*, Nr. 873, Februar 2022.
11 Das erkannten auch mit der Sache befasste CDU-Politiker selbst an. Vgl. Hans-Georg Kluge, *Vom politischen Projekt zum Gesetz – wie es zur Einführung des Standardkosten-Modells und zur Entstehung des Nationalen Normenkontrollrates kam*. In: Norbert Röttgen / Bernhard Vogel (Hrsg.), *Bürokratiekostenabbau in Deutschland*. Baden-Baden: Nomos 2010.
12 Plenarprotokoll 15/186 des Deutschen Bundestages vom 7. September 2005.
13 Ausführlich zur Genese der Normenkontrollräte in Deutschland und den Niederlanden Antonia Schurig, *Bessere Rechtsetzung im europäischen Vergleich*. Baden-Baden: Nomos 2020.
14 Das Standardkostenmodell ermittelt die »Bürokratiekosten«, die ein Gesetz dadurch verursacht, dass Unternehmen Informationspflichten auferlegt werden. Hierzu werden bei jedem Gesetz die Anzahl der Normadressaten und der Vorgänge sowie der erforderliche Zeitaufwand und die durchschnittlichen Lohnkosten geschätzt und multipliziert.

»Standardkosten-Modell zur objektiven Messung der bürokratischen Belastungen von Unternehmen umgehend einzuführen« und »zur Begleitung dieses Prozesses ein unabhängiges Gremium von Fachleuten (Normenkontroll-Rat)« ins Leben zu rufen.[15] Am 14. August 2006 dann wurden die Pläne Gesetz. Das Standardkosten-Modell versprach Wissenschaftlichkeit und der Normenkontrollrat Beständigkeit im Kampf gegen die Bürokratie. Mit ihm glaubte die Bundesregierung nun einen »objektiven Methodenwächter« an ihrer Seite, der darauf achten sollte, dass die neue Methode auch richtig angewandt wird.[16]

Seither hat die Bürokratie ein Preisschild. Der vom Normenkontrollrat erfasste laufende Erfüllungsaufwand gilt als Maß für die Bürokratiebelastung.[17] Er soll gemäß § 2 Abs. 2 des Gesetzes zur Einsetzung eines Nationalen Normenkontrollrates (NKRG) den gesamten messbaren Zeitaufwand und die Kosten erfassen, die durch die Befolgung einer bundesrechtlichen Vorschrift bei Bürgerinnen und Bürgern, Wirtschaft sowie der öffentlichen Verwaltung entstehen.

Will die Bundesregierung ein Gesetzesvorhaben auf den Weg bringen, muss sie im Regierungsentwurf diese Kosten abschätzen. Der zuständige Sachbearbeiter nimmt

dazu einen kleinteiligen – um nicht zu sagen bürokratischen – Leitfaden zur Hand, in dem beispielsweise steht, wie hoch der typische Zeitaufwand ist, um ein Formular auszufüllen, sich mit einer gesetzlichen Vorschrift vertraut zu machen oder fachliche Beratung in Anspruch zu nehmen.[18] Der Normenkontrollrat wird frühzeitig in die Kostenschätzung einbezogen und prüft die Angaben der Bundesregierung. Sind alle Vorgaben eines Regelungsvorhabens identifiziert, die Zahl der Fälle und Normadressaten ermittelt und der jeweilige Zeit- und Sachaufwand sowie die Lohnkosten geschätzt und addiert, ist es bis zum Feierabend nicht mehr weit. Jetzt muss nur noch berechnet werden, wie sich das einzelne Vorhaben auf den gesamten laufenden Erfüllungsaufwand auswirkt. Tritt das Gesetz in Kraft, nimmt der Normenkontrollrat diese Zahl in seinen Jahresbericht auf.

2023 betrugen die so gemessenen »Bürokratielasten« 26,8 Milliarden Euro.[19] Bei

---

15 *Gemeinsam für Deutschland – mit Mut und Menschlichkeit.* Koalitionsvertrag zwischen CDU, CSU und SPD vom 11. September 2005.

16 BT-Drucksache 16/1406.

17 Die Prüfkompetenzen des NKR wurde 2011 erweitert. Seither erfasst er nicht nur die sog. Bürokratiekosten (Kosten der Informationspflichten für Unternehmen), sondern auch den umfangreicheren »Erfüllungsaufwand«, vgl. BT-Drucksache 17/1954.

18 *Leitfaden zur Ermittlung und Darstellung des Erfüllungsaufwands in Regelungsvorhaben der Bundesregierung* vom Dezember 2024 (www.destatis.de/DE/Themen/Staat/Buerokratiekosten/Publikationen/Downloads-Buerokratiekosten/erfuellungsaufwand-handbuch.pdf?__blob=publicationFile).

19 Zwar weist der NKR in seinem Jahresbericht 2023 (*Weniger, einfacher, digitaler. Bürokratie abbauen. Deutschland zukunftsfähig machen*) darauf hin, dass der Anstieg des Erfüllungsaufwands nicht per se mit einem Anstieg an Bürokratie gleichzusetzen sei (www.normenkontrollrat.bund.de/Webs/NKR/SharedDocs/Downloads/DE/Jahresberichte/2023-jahresbericht.pdf?__blob=publicationFile&v=5). Der laufende Erfüllungsaufwand wurde jedoch unter der schwarz-gelben Koalition gerade deshalb eingeführt, weil die nach Standardkosten-Modell berechneten Bürokratiekosten mit dem Fokus auf Informationspflichten für Unternehmen

näherer Betrachtung offenbart der laufende Erfüllungsaufwand jedoch gravierende methodische Mängel und einen politisch-ideologischen Kern, der mit der Idee einer »mit Autorität ausgestatteten neutralen Einrichtung«[20] nur schwer in Einklang zu bringen ist. Die Probleme beginnen mit dem Struck'schen Gesetz.[21] Wird der Regierungsentwurf im laufenden Gesetzgebungsverfahren geändert, hat das auf die Berechnung des Erfüllungsaufwands in der Regel keinen Einfluss mehr.[22] Ebenso

wenig finden Gesetzesentwürfe des Bundesrats oder aus der Mitte des Bundestages Eingang in die Berechnung. Und da der Erfüllungsaufwand erst seit 2011 erhoben wird, werden die Kosten älterer Gesetze nicht berücksichtigt. Der Erfüllungsaufwand misst also nicht die »Bürokratielasten«. Er gibt die grob geschätzten Kosten an, welche die seit 2011 eingebrachten Regierungsentwürfe verursachen würden, wenn sie Gesetz geworden wären – sofern nur überhaupt irgendein Gesetz aus ihnen hervorgegangen ist.

Vor allem aber werden die Vorteile, die das Gesetz mit sich bringt, nur ganz unzureichend berücksichtigt.[23] Das liegt nicht einmal zwingend am fehlenden politischen Willen des Normenkontrollrats oder des federführenden Ministeriums. Der gesamtgesellschaftliche Nutzen einer einzelnen gesetzlichen Maßnahme lässt sich in Zahlen schlicht nicht sinnvoll beziffern. Die Kosten einer klimapolitischen Vorgabe sind schnell geschätzt, ihre Vorteile aber können – trotz der grundsätzlich unbestrittenen Notwendigkeit klimaschützender Maßnahmen – nicht in Euro und Cent angegeben werden. Bei anderen politischen Zielen ist ein finanzieller Nutzen überhaupt nicht ersichtlich. Wäre der laufende Erfüllungsaufwand bereits 1891 erhoben worden, so hätte etwa das Verbot der Fabrikarbeit volksschulpflichtiger Kinder die »Bürokratielasten« in die Höhe getrieben.

---

als zu eng angesehen wurden. In der Gesetzesbegründung ist von dem »umfassenderen Bürokratiekostenbegriff ›Erfüllungsaufwand‹« die Rede (BT-Drucksache 17/1954). Und auch der NKR schreibt, dass er sich angesichts des hohen Erfüllungsaufwands des Eindrucks nicht erwehren könne, dass es in Deutschland von Jahr zu Jahr bürokratischer zugehe. Es ist also kein Zufall, wenn in der medialen Berichterstattung der laufende Erfüllungsaufwand als ein Maß für die Bürokratiebelastung angeführt wird.

20 So der Entwurf des Gesetzes zur Einsetzung eines Nationalen Normenkontrollrats vom 9. Mai 2006, BT-Drucksache 16/1406.

21 Das Struck'sche Gesetz besagt, dass kein Gesetz so aus dem Parlament herauskommt, wie es eingebracht worden ist. Der ironische Ausdruck geht auf den ehemaligen SPD-Fraktionsvorsitzenden Peter Struck zurück. Zur Geschichte des geflügelten Worts vgl. Kristina Dunz, *Wie ein »Gesetz« den toten Peter Struck lebendig hält.* In: *RND* vom 27. Juli 2024 (www.rnd.de/politik/newsletter-hauptstadt-radar-wie-ein-gesetz-den-toten-peter-struck-lebendig-haelt-VPILPBVCJJHXLDY2R2ALUD5T6Y.html.

22 Eine Ausnahme bilden die im parlamentarischen Verfahren vorgenommenen Änderungen an der Novelle des Gebäudeenergiegesetzes. Hier hatte sich der geschätzte einmalige Erfüllungsaufwand bei Bürgerinnen und Bürgern von den zunächst angenommenen 20,8 auf 0,1 Milliarden Euro erheblich verringert, so dass sich der NKR entschlossen hat,

diese Auswirkungen in seinem Gutachten zu berücksichtigen. Generelle Vorgaben, unter welchen Voraussetzungen Änderungen zu berücksichtigen sind, bestehen jedoch nicht.

23 Das gesteht auch der NKR ein, vgl. Jahresbericht 2023.

Der laufende Erfüllungsaufwand umfasst also jedes Gesetz, das irgendwen Geld kostet, ganz gleich wie ausgewogen, effizient und gesamtgesellschaftlich wünschenswert es ist. Das zeigen die großen Kostentreiber der letzten zehn Jahre: die Energieeinsparverordnung, das Mindestlohngesetz, das Ganztagsförderungsgesetz und das Gebäudeenergiegesetz. Nicht unnötiger Verwaltungsaufwand, ellenlange Formulare und vermeidbare Behördengänge treiben die Kosten. Das Mindestlohngesetz etwa ist allein deswegen ein 5,6 Milliarden Euro schweres Bürokratiemonster, weil die Wirtschaft höhere Löhne zahlen muss.[24] Dabei war der Normenkontrollrat anfangs sogar noch von Kosten in Höhe von 9,7 Milliarden Euro ausgegangen.[25] Der Mehraufwand durch Dokumentationspflichten beträgt nicht einmal 2 Prozent. Gleichzeitig wird der Nutzen für die Beschäftigten im Niedriglohnsektor ausgeblendet.

Das hat handfeste politische Folgen, denn die Bundesregierung hat sich selbst verpflichtet, nur in dem Maße neue »bürokratische« Lasten einzuführen, wie bisherige abgebaut werden.[26] »One in – one out« heißt das im politischen Marketing-Jargon, wobei nur die Belastungen für die Wirtschaft Beachtung finden. Mit ihrer »Wachstumsinitiative« vom 5. Juli 2024 ist die Ampelregierung noch einen Schritt weiter gegangen und hat angekündigt, ei-nen »Belastungs-Abbaupfad« *gesetzlich* festzulegen.[27] Sollte das Vorhaben umgesetzt werden, wären künftige Regierungen verpflichtet, jedes Jahr ein neues Bürokratieentlastungsgesetz vorzulegen, »welches sicherstellt, dass die Belastung aus sämtlichen Bundesgesetzen in dem jeweiligen Jahr auch unter Berücksichtigung neu geschaffener Regelungen abnimmt«.

Bürokratieabbau wird damit zum Selbstzweck ohne Blick auf die Folgen. Um die selbstgesteckten Abbauziele zu erreichen, muss die Politik immer neue Vorschriften ausfindig machen, die gestrichen werden können. Dadurch entsteht der Anreiz, die Vorteile einer Streichung zu überhöhen und die damit einhergehenden Nachteile herunterzuspielen. Die Abschaffung der Hotelmeldepflicht durch das Bürokratieentlastungsgesetz IV ist ein anschauliches Beispiel dafür, welche Rechenspiele erforderlich sind, um die Kostenersparnisse zu ermitteln. Nach alter Rechtslage waren Beherbergungsstätten verpflichtet, für jeden Gast einen Meldeschein bereitzuhalten, auszufüllen und zu archivieren. Die Pflicht diente der Gefahrenabwehr und sollte die Strafverfolgung erleichtern.

Der Dokumentationsaufwand wurde im Regierungsentwurf auf zwei Minuten pro Vorgang geschätzt. Bei einem veranschlagten Stundenlohn von 21 Euro und 88,6 Millionen Fällen pro Jahr ergibt sich eine Kostenersparnis von 62 Millionen Euro.[28] Dies setzt allerdings voraus, dass die Beherbergungsstätten durch den Wegfall

---

24 Vgl. Normenkontrollrat, *Jahresbericht 2023*.
25 Normenkontrollrat, *Jahresbericht 2014*; Richtigstellung dann im *Jahresbericht 2016*.
26 Kabinettsbeschluss vom 11. Dezember 2014 (www.bmj.de/SharedDocs/Downloads/DE/BessereRechtsetzung/22_Kabinettbeschluss_Dezember_2014.pdf?__blob=publicationFile&v=2).

27 Wachstumsinitiative der Bundesregierung vom 5. Juli 2024 (www.bundesregierung.de/resource/blob/976020/2297962/ab6633b012bf7849442601 2fd616e828/2024-07-08-wachstumsinitiative-data.pdf?download=1).
28 BT-Drucksache 20/11306, Anlage 2.

der Meldepflicht in die Lage versetzt werden, Personalkosten durch Entlassungen oder Arbeitszeitverkürzungen zu senken oder die freiwerdende Arbeitszeit produktiv für wertschöpfende Tätigkeiten zu nutzen. Andernfalls bleibt die angenommene Einsparung rein theoretisch.

Zudem besteht die Gefahr, dass sinnvolle Regelungen leichtfertig gestrichen werden. Das zeigt sich besonders deutlich am jüngst verabschiedeten Bürokratieentlastungsgesetz IV. Darin wurden unter anderem die Aufbewahrungsfristen für Steuer- und Buchungsbelege von zehn auf acht Jahre verkürzt. Unnötige Papierberge sollten verhindert werden. Die Bundesregierung versprach Einsparungen in Höhe von 626 Millionen Euro für die Wirtschaft.[29] Erstaunlich ist aber, dass die immensen Kosten, die der Wirtschaft durch die Aufbewahrungspflichten angeblich entstehen, zu 95 Prozent auf die Aufbewahrung von Buchungsbelegen in Papierform entfallen sollen.

Nach Schätzungen des Regierungsentwurfs bewahren aber nur noch ein Viertel der Kaufleute ihre Belege in Papierform auf und müssen dafür Lagerräume anmieten. Der überwiegende Teil der Unternehmen speichert die Daten digital. Dabei geht der Entwurf davon aus, dass 7 Gigabyte Speicherkapazität pro Jahr bereitgestellt werden müssen. Die hierzu erforderlichen Kosten werden auf sage und schreibe 12 Euro pro Jahr geschätzt.

Selbst wenn man die Zahlen für plausibel hält, ist also davon auszugehen, dass mit zunehmender Digitalisierung die Kosten für physische Aufbewahrung von allein sinken. Zugleich räumt der Entwurf

selbst ein, dass mit jährlichen Steuerausfällen zu rechnen ist. Diese werden im Regierungsentwurf ohne nähere Begründung auf 200 Millionen Euro geschätzt und sind nach Einschätzung von Kritikern zu niedrig angesetzt.[30] Ob der Ampelregierung hier ein Befreiungsschlag gegen die Bürokratie gelungen ist, darf bezweifelt werden. Die Steuerhinterziehung wurde jedenfalls erleichtert.

Die vielfältigen Anstrengungen im Kampf gegen die Bürokratie haben kaum Früchte getragen. Selbst wenn Zielvorgaben erreicht oder neue, breitere Bürokratiebegriffe implementiert wurden, verspürten weder Unternehmen noch Bürgerinnen und Bürger eine Linderung.[31] Ganz im Gegenteil befindet sich die Unzufriedenheit mit der Bürokratie heute auf einem Höchststand. Während im Jahr 1994 noch 58 Prozent der Befragten die Belastung durch staatliche Bürokratie als hoch oder sehr hoch einschätzten, waren es zehn Jahre später bereits 79 Prozent.[32] Heute sind es, wie erwähnt, 92 Prozent. Vielen gilt diese Unzufriedenheit als Hinweis darauf, dass die bisherigen Abbaubemühungen

29 BT-Drucksache 20/11306 Anlage 2.

30 Massimo Bognanni, *Bürokratieentlastungsgesetz. »Ein Geschenk an Kriminelle«*. In: *tagesschau. de* vom 19. September 2024 (www.tagesschau. de/inland/innenpolitik/buerokratieentlastungsgese tz-100.html).

31 Vgl. Sabine Kuhlmann / Florian Gerls, *Die Kosten der Bürokratie: Zwischen Messung und Realität*. In: *ifo Schnelldienst*, Nr. 11/2024; Michael Schorn, *Bürokratiekostenabbau: Die Illusion des Unpolitischen*. In: Stephan Hensel u.a. (Hrsg.), *Gesetzesfolgenabschätzung in der Anwendung*. Baden-Baden: Nomos 2010.

32 Werner Jann / Kai Wegrich, *Wie bürokratisch ist Deutschland? Und warum? Generalisten und Spezialisten im Entbürokratisierungsspiel*. In: *dms – der moderne staat*, Nr. 1, 2008.

schlicht nicht weit genug gegangen sind.[33] Ganz in diesem Sinn schreibt der Normenkontrollrat in seinem *Jahresbericht 2024*, die Bundesregierung solle sich verpflichten, sowohl den Erfüllungsaufwand als auch die Bürokratiekosten innerhalb von vier Jahren um 25 Prozent zu senken. Friedrich Merz geht auch das nicht weit genug. Er fordert ein »Bürokratie-Moratorium«.[34] Für jede neue Regelung sollen mindestens zwei alte gestrichen werden.

Dabei ist ein so verstandener Abbau der Bürokratie weder praktisch durchführbar noch politisch sinnvoll. Ein handlungsfähiger Staat ist zwingend auf Informationspflichten angewiesen, und ein politisches Gemeinwesen ist ohne Gesetze, die Kosten verursachen, undenkbar. Statt aus der Luft gegriffene Zielvorgaben einzuhalten, ist sinnvollerweise allein der Abbau derjenigen Vorschriften zu fordern, die unverhältnismäßig hohe Kosten verursachen und keiner hinreichenden sachlichen Rechtfertigung unterliegen. Die Frage, was als Bürokratie anzusehen ist, ist dann aber zwangsläufig von politischen Wertungen bestimmt.

Einem »depolitisierten« Bürokratieabbau fehlt damit jede Grundlage.[35] Der Normenkontrollrat kann nur die Kosten schätzen, die ein Gesetz verursacht, und selbst

---

33 In diesem Sinn etwa Nicolai Dose, *Weshalb Bürokratieabbau auf Dauer erfolglos ist, und was man trotzdem tun kann.* In: *dms – der moderne staat,* Nr. 1, 2008.

34 Friedrich Merz in einer Rede beim JU-Deutschlandtag in Halle am 26. Oktober 2024 (www. home.cdu.de/artikel/heute-schon-an-morgen-denken).

35 Im Entwurf des Änderungsgesetzes vom 8. Juni 2010 wird der »depolitisierte Ansatz« des NKR als dessen entscheidender Erfolgsfaktor gelobt (BT-Drucksache 17/1954).

diese Angaben befinden sich, wie gezeigt, nur zu oft im Bereich des Spekulativen. Gleichzeitig entzieht sich der gesamtgesellschaftliche Nutzen einer Vorschrift der zahlenmäßigen Erfassung nahezu vollständig. Der kostentechnische Zugriff erweist sich daher als ein pseudowissenschaftliches, kurzsichtiges, ideologisch gefärbtes und regulierungsfeindliches Unterfangen. Er wird in den Worten der Rechtswissenschaftlerin Pascale Cancik »als unpolitisch inszeniert, ist es aber in Wahrheit gerade nicht«.[36]

Man wird ihn nicht finden, den Dschungel an sinnlosen Vorschriften und Regeln, die niemandem nützen, und auch nicht die Pedanten, die sie mit Zähnen und Klauen verteidigen. Hans Peter Bull hat in seinem Aufsatz *Bürokratieabbau* eindrucksvoll dargelegt, dass die allermeisten der als bürokratisch empfundenen Gesetze durchaus ihren Sinn haben und allein deswegen verhasst sind, weil sie lästige Pflichten auferlegen. Die Entscheidung, ob die mit einer Regel einhergehenden Nachteile größer als die Vorteile sind, kann uns kein Expertengremium abnehmen. Dass wir dennoch

an der irrigen Vorstellung einer ubiquitären, alles lähmenden Bürokratie festhalten, ist für alle recht bequem. Die Bürokratie ist schlecht, die Bürokraten, das sind die anderen. Wenn etwas nicht funktioniert, dann ist die Bürokratie daran schuld. Die Wut auf die Bürokratie eint uns.

Doch dieses warme Gefühl hat seinen Preis. Wenn der Bevölkerung über Jahrzehnte ein Bürokratieabbau versprochen wird, der gar nicht eingehalten werden kann, führt das zu Frust und Enttäuschung. Der politisch angeheizte und institutionell verfestigte Bürokratieabbaudiskurs untergräbt systematisch das Vertrauen in die Handlungsfähigkeit des Staates. Parteien mögen sich davon kurzfristige politische Gewinne versprechen. Letztlich aber profitieren Populisten, die nur zu gerne an die alarmistische Untergangsrhetorik anknüpfen. Gleichzeitig nutzen Interessengruppen den Kampfbegriff der Bürokratie, um gegen Gesetze vorzugehen, die wenig mit dem zu tun haben, was man sich gemeinhin unter Bürokratie vorzustellen pflegt.

Wenn jedes Gesetz, das irgendjemandem Kosten verursacht, als bürokratisch bezeichnet wird, ist Vorsicht geboten. In diesem Fall sichert Bürokratie auch den Rechtsstaat, fördert den Klimaschutz und gewährleistet den sozialen Frieden. Müssten wir aber dann nicht, statt ständig ihren Abbau zu fordern, auch einmal mehr Bürokratie wagen?

36 Pascale Cancik, *Die EU als Bürokratie der Anderen – zur Semantik gegenwärtiger EU-Kritik*. In: Günter Blamberger u.a. (Hrsg.), *Vom Umgang mit Fakten*. Paderborn: Fink 2018; ähnlich Michael Schorn, *Bürokratiekostenabbau*. In: Stephan Hensel u.a. (Hrsg.), *Gesetzesfolgenabschätzung in der Anwendung*.

Abschied vom Antiimperialismus

Von Jens Kastner

Im Frühjahr 1990, also zwischen Mauerfall und Wiedervereinigung, fand in Duisburg der Kongress »Aktiver Widerstand gegen die Großmachtpolitik des BRD-Kapitals!« statt. Die nachträglich dazu erschienene Broschüre trägt den Untertitel »Dokumente des Antiimperialistischen Kongresses 31.3.–1.4.1990 in Duisburg mit 600 TeilnehmerInnen aus über 100 Orten«. Unter den Teilnehmerinnen und Teilnehmern waren neben vielen Linken aus kleinen kommunistischen Parteien wie DKP und MLPD und organisierten Arbeitern auch Linke aus verschiedenen sozialen Bewegungen. Unter letzteren, ganz hinten auf einem der Kongressfotos in der Broschüre, ist auch ein Langhaariger zu erkennen, der ich war.

Für die Linke stellte der Antiimperialismus damals noch eine selbstverständliche »kognitive Orientierung« dar.[1] Das war kurz bevor sich die radikale Linke und ihre Diskursausläufer in Tages- und Wochenzeitungen in »Antiimps« und »Antideutsche« spaltete. Die Antideutschen hatten sich aus den antinationalen Diskussionen nach der sogenannten Wiedervereinigung herausgebildet und rückten den Nationalsozialismus ins Zentrum ih-

rer Geschichts- und Gegenwartsanalysen. Eine positive Bezugnahme auf die Kategorie »Volk«, wie sie im Antiimperialismus gängig war, verbot sich vor dem Hintergrund der nationalsozialistischen Volksgemeinschaft. Auch folgte daraus eine positive Haltung zum Staat Israel, dessen Existenz als wichtiger Effekt der Shoah in den Fokus gerückt wurde. Der Kampf gegen Antisemitismus und für das Existenzrecht Israels wurden zur obersten Maxime einer antifaschistischen Haltung – während in antiimperialistischen Kreisen Israel nicht selten selbst als faschistischer, zumindest aber als imperialistischer und zuweilen kolonialistischer Staat gehandelt wurde (und wird).

Erst Ende der neunziger Jahre verschwanden die Pali-Tücher – Kufiya nannte die noch niemand – langsam aus dem linksradikalen und linksalternativen Alltag, zu deren festem Bestandteil sie die Jahre zuvor gehört hatten. Sie wurden bis dahin als praktische Schals und Zugehörigkeitsmerkmal zum linksalternativen und autonomen Milieu getragen, ohne dass damit immer eine reflektierte Haltung zum Nahostkonflikt verbunden gewesen wäre. Es veränderten sich aber nicht nur die Kleiderordnungen, es entstanden auch tiefe ideologische Gräben innerhalb von Wohngemeinschaften und Szenelokalen. Auch linke Zeitschriftenredaktionen brachen auseinander, wofür die Abspaltung der dann als Wochenzeitung erscheinenden *Jungle World* von der Tageszeitung *junge Welt* 1997 vielleicht das bekannteste Beispiel ist. In der *jungen Welt* blieb ein Antiimperialismus intakt, der sich auf eine lange Geschichte berufen kann. Diese Geschichte ist logischerweise verknüpft mit jener der Imperialismustheorien.

---

1 David Mayer, *Mit Marx im Gepäck. Lateinamerikanische Vorläufer im Versuch, (post)koloniale Bedingungen zu denken*. In: Felix Wemheuer (Hrsg.), *Marx und der globale Süden*. Köln: PapyRossa 2016.

Ingar Solty etwa hat drei Wellen der Imperialismustheorien beschrieben:[2] Erstens nennt er die klassische Imperialismustheorie in der ersten Hälfte des 20. Jahrhunderts, wobei die radikalen Ansätze (Lenin, Luxemburg) von den zentristischen (Kautsky) und den revisionistischen (Bernstein) zu unterscheiden sind. Die zweite Welle entwickelte sich vor dem Hintergrund der Bipolarität des Kalten Krieges und äußerte sich insbesondere in Form der Dependenztheorien und der Weltsystemanalyse des US-amerikanischen Soziologen Immanuel Wallerstein (1930–2019). Die dependenztheoretischen Ansätze entstanden vor allem im Lateinamerika der 1960er Jahre und nahmen die ökonomische und politische Abhängigkeit zwischen den Ländern des industriellen Nordens (Zentren) und des »unterentwickelten« Südens (Peripherien) in den Blick.

Die dritte Welle ist nach Solty von der materialistischen Staatstheoriedebatte ab den späten 1970er Jahren angestoßen worden, die unter anderem in der Poulantzas-Miliband-Kontroverse zum Ausdruck kam.[3] Den Staat als Kräfteverhältnis zu begreifen, wie Nicos Poulantzas es tut, hat weitreichende Konsequenzen nicht nur für die Staatstheorie: Wenn der Staat ein Kräfteverhältnis ist, lässt er sich kaum mehr als Mittel oder Instrument zur Transformation gesellschaftlicher Verhältnisse gebrauchen. Auch hinsichtlich internationaler Politik wird fraglich, ob die für antiimperialistische Strategien so wichtige »nationale Bourgeoise« überhaupt noch existiert oder als Akteurin und Profiteurin noch relevant ist, »wenn multi- und später transnationale Konzerne entstehen, die in vielen Staaten der Erde als Klassenfraktion aktiv und präsent sind«.

Dennoch ist der Imperialismus bis heute immer wieder Ausgangs- und Angriffspunkt internationalistischer Agenden. Das liegt vor allem daran, dass der Kampf gegen den Imperialismus schon bei Lenin, so der postkolonialistische Theoretiker Robert J. C. Young, das nationale Begehren nach Selbstbestimmung und den Kampf gegen den Kapitalismus miteinander zu vermitteln schien.[4] Deshalb wurde der Antiimperialismus zu einer »kognitiven Orientierung« emanzipatorischer Kämpfe im gesamten 20. Jahrhundert.

Fokustheorie und Trikontinentale 1966

Ein wichtiges Vernetzungstreffen antiimperialistischer Kräfte fand 1966 auf Kuba statt. Daran nahmen mit den mehr als 500 Vertreterinnen und Vertretern aus 82 Ländern des globalen Südens nicht nur politische Parteien, soziale Bewegungen, antiimperialistische Organisationen, Gewerkschaften, Studierenden- und Frauengruppen teil, sondern auch Guerillabewegungen.

Bekannt ist das Treffen auch durch eine Botschaft, die damit in direktem Zusammenhang steht. Ernesto Che Guevaras *Mensaje a la Tricontinental (Botschaft an die Trikontinentale)* wurde von Rudi

2 Ingar Solty, *Brauchen wir eine vierte Welle der marxistischen Imperialismustheorie?* In: Judith Dellheim u.a (Hrsg.), *Auf den Schultern von Karl Marx.* Münster: Westfälisches Dampfboot 2021.

3 Vgl. Nicos Poulantzas / Ralph Miliband, *Kontroverse über den kapitalistischen Staat.* Berlin: Merve 1976.

4 Vgl. Robert J. C. Young, *Postcolonialism. An Historical Introduction.* Oxford: Blackwell 2001.

Dutschke und Gaston Salvatore ins Deutsche übersetzt und 1967 unter dem Titel *Schaffen wir zwei, drei, viele Vietnam* veröffentlicht. Später wurde sie in einer anderen Übersetzung als *Botschaft an die Völker der Welt* in die ausgewählten Werke Guevaras aufgenommen und zu einem Grundlagentext des neuen Antiimperialismus.

Guevara geht in seiner Botschaft auf Lenins Formel des Imperialismus als höchstem Stadium des Kapitalismus ein, um zu konkretisieren, wer die Vernichtung des Imperialismus zum Ziel habe, müsse »dessen Haupt identifizieren, das von nichts anderem als den Vereinigten Staaten von Nordamerika gebildet wird«.[5] Guevara verengt den Antiimperialismus damit letztlich auch auf einen Kampf gegen die USA. Eine Verengung, die sich angesichts der US-Außenpolitik mindestens in den Jahren zwischen dem Sturz der demokratisch gewählten Regierung des Agrarreformers Jacobo Árbenz in Guatemala im Sommer 1954 und dem Putsch Augusto Pinochets gegen den demokratisch gewählten Präsidenten Chiles, Salvador Allende, am 11. September 1973, durchaus hatte aufdrängen können. Beide Regierungen wurden mithilfe der CIA durch rechte Diktaturen ersetzt.

Guevara schlägt auch eine Strategie vor im Kampf gegen das Haupt des Imperialismus. In ziemlich martialischen Formulierungen wirbt er in dem Text für den »Haß als Faktor des Kampfes«, der den Menschen in »eine wirksame, gewalttätige, auswählende und kalte Tötungsmaschine

verwandelt«. Man müsse »den Krieg dorthin tragen, wohin der Feind ihn trägt: in sein Haus, in seine Vergnügungsstätten; man muß ihn zum totalen Krieg machen«. Der Text Che Guevaras markiert auch ein Scheitern des Antiimperialismus. Denn als »Tötungsmaschine«, die an Vergnügungsstätten Menschen ermordet, hatte sich die Linke den von entfremdender Arbeit, Ausbeutung, sexistischem Verhalten, kleinfamiliären Neurosen und materiellem Leid befreiten »neuen Menschen« eigentlich nicht vorgestellt.

Antiimperialismus und Antifaschismus

Es gibt noch eine weitere Ebene, auf der ein Scheitern des Antiimperialismus zu konstatieren ist und die einen Abschied von ihm leichter macht: die Geschichte seiner Verknüpfung mit dem Antifaschismus. Im Kontext der »Weltwende 1968«[6] veränderte sich – vor allem, aber nicht nur – innerhalb der deutschsprachigen Linken das Verständnis von Antifaschismus im antiimperialistischen Internationalismus. Der Faschismus-Begriff wurde von den konkreten historischen Beispielen in Italien, Spanien und im nationalsozialistischen Deutschland abgekoppelt und etwa auch auf die USA wegen des Krieges in Vietnam und der Repressionen gegen die schwarze Bürgerrechtsbewegung angewandt.

Um 1968, vor allem nach dem Sechstagekrieg zwischen Israel und den arabischen Staaten Ägypten, Jordanien und Syrien 1967, im Zuge dessen Israel das Westjordanland besetzte, »geriet die konkrete NS-Ver-

5 Ernesto Che Guevara, *Botschaft an die Völker der Welt*. In: Ders., *Ausgewählte Werke in Einzelausgaben.* Bd. 4: *Schriften zum Internationalismus.* Hrsg. u. übertragen von Horst-Eckart Gross. Bonn: Pahl-Rugenstein 2003.

6 Jens Kastner / David Mayer (Hrsg.), *Weltwende 1968? Ein Jahr aus globalgeschichtlicher Perspektive.* Wien: Mandelbaum 2008.

gangenheit in den Hintergrund zugunsten eines immer abstrakteren und synthetischeren Begriffs von ›Faschismus‹«.[7] Der Nahostkonflikt wurde auf der Grundlage der leninistischen Imperialismustheorie interpretiert, in der das »Selbstbestimmungsrecht der Nationen« proklamiert worden war. Der Sozialistische Deutsche Studentenbund (SDS) beschwor, schreibt Jörg Später, ab 1967 den »antiimperialistischen Kampf der arabischen Völker gegen den angloamerikanischen Imperialismus«. Antifaschismus wurde zunehmend auch als Antizionismus ausgelegt.

Diese Interpretation, in deren Rahmen Israel immer weniger als Staat der Opfer der Shoah und mehr als imperialistischer Brückenkopf im Nahen Osten wahrgenommen wurde, fand sich keineswegs nur in der deutschen Linken. Radikale Linke weltweit vertreten diese Sichtweise häufig bis heute, sie ist auch die Grundlage für die Kritik an Israel und die vielen positiven Bezugnahmen auf den Terror der Hamas, die es nach dem 7. Oktober 2023 von Linken, insbesondere auch von Vertretern der post- und dekolonialistischen Theorie gab.

In Deutschland allerdings kulminierte die Haltung auch auf besondere Weise in dem, was Josef Hierlmeier zu Recht als das »schwärzeste Kapitel in der Geschichte des Internationalismus« beschrieben hat:[8] Das palästinensische Terrorkommando »Schwarzer September« hatte – neben anderen Terroranschlägen – bei den Olympischen Spielen 1972 in München eine Attacke auf die israelischen Sportler durchgeführt, bei der insgesamt elf Menschen starben.

Wie Hierlmeier ausführlich und erschrocken schildert, hatte Ulrike Meinhof das Attentat ausdrücklich als »antiimperialistisch, antifaschistisch und internationalistisch« gelobt: »Die Aktion des Schwarzen September, so Meinhof, dokumentiere eine ›Menschlichkeit, die von dem Bewußtsein bestimmt ist, gegen dasjenige Herrschaftssystem zu kämpfen, das als das historisch letzte System von Klassenherrschaft gleichzeitig das blutrünstigste und abgefeimteste ist, das es je gab‹. Schon bei dieser impliziten Relativierung des deutschen Nationalsozialismus verschlägt es einem den Atem. Doch es kommt noch schlimmer. Meinhof wirft Israel vor, ein ›faschistischer Staat‹ zu sein; Israels Staatspräsidentin Golda Meir sei eine Charaktermaske des faschistischen Imperialismus; in Verteidigungsminister Moshe Dayan erkannte sie den ›Himmler Israels‹; es gelte, den Widerspruch zwischen ›dem Faschismus des entfalteten Imperialismus und Israels Nazi-Faschismus‹ auszunutzen. Aber selbst dieser Vergleich war noch steigerbar. Als bei der dilettantisch durchgeführten Befreiungsaktion sowohl die israelischen Sportler als auch das palästinensische Kommando getötet wurden, schiebt Meinhof die Schuld dafür Israel in die Schuhe. Sie wirft Israel vor, ›Krokodilstränen‹ zu vergießen. Ihre Vorwürfe gipfeln in dem skandalösen Vergleich, Israel habe ›seine Sportler verheizt wie die Nazis die Juden – Brennmaterial für die imperialistische Ausrottungspolitik‹.«

7   Jörg Später, »*Kein Frieden mit Israel*«. *Zur Rezeptionsgeschichte des Nahostkonflikts durch die deutsche Linke*. In: BUKO (Hrsg.), *radikal global. Bausteine für eine internationalistische Linke*. Berlin: Assoziation A 2003.
8   Josef Hierlmeier, *Internationalismus. Eine Einführung in die Ideengeschichte des Internationalismus. Von Vietnam bis Genua*. Stuttgart: Schmetterling 2002.

Obwohl mindestens ein führendes Mitglied der Volksfront zur Befreiung Palästinas (PFLP) Teil der Gruppe »Schwarzer September« war, die sich auch 2023 an dem Massaker der Hamas beteiligt hatte, werden Kontinuitäten hier selten thematisiert. Dass dies so selten geschieht, ist auch deshalb erstaunlich, weil die ganze Problematik in der radikalen Linken schon vor langer Zeit reflektiert wurde. In einem Positionspapier, das die Revolutionären Zellen 1991 zum Tod ihres Genossen Gerd Albartus publiziert hatten, wurde der Antisemitismus im Antiimperialismus bereits hinterfragt. In Bezug auf Israel / Palästina schreibt die Gruppe selbstkritisch: »Wir interpretierten den Konflikt mit den Kategorien eines an Vietnam geschulten Antiimperialismus, mit denen er nicht zu ermessen war. Wir sahen Israel nicht mehr aus der Perspektive des nazistischen Vernichtungsprogramms, sondern nur noch aus dem Blickwinkel seiner Siedlungsgeschichte: Israel galt uns als Agent und Vorposten des westlichen Imperialismus mitten in der arabischen Welt, nicht aber als Ort der Zuflucht für die Überlebenden und Davongekommenen, der eine Notwendigkeit ist, solange eine neuerliche Massenvernichtung als Möglichkeit von niemandem ausgeschlossen werden kann, solange also der Antisemitismus als historisches und soziales Faktum fortlebt.«[9] Wenn auch nicht jeder Antiimperialismus per se antisemitisch ist, so führte die Kategorisierung Israels als faschistischer Staat doch zu einer massiven Legitimierung des Antisemitismus, die sich bis heute auswirkt. Antisemitismus und die inhalt-

liche Aushöhlung des Antiimperialismus, die mit Che Guevaras Terroraffirmation eingesetzt hatte, sind die beiden zentralen Motive, die einen Abschied für emanzipatorisch gesinnte Linke sehr erleichtern.

Die Entleerung des Antiimperialismus

Es ist unwahrscheinlich, dass Hamas-Terroristen und Kämpfer des Islamischen Staates Che Guevara gelesen haben. Aber die islamistischen Mörder, die im November 2015 im Pariser Bataclan-Theater ein Massaker anrichteten, und jene, die das Supernova-Festival am 7. Oktober 2023 überfielen, handelten exakt nach Che Guevaras Idee, Menschen kaltblütig an »Vergnügungsstätten« zu attackieren. Auch wenn die islamistischen Killer vom Antiimperialismus vergangener Zeiten nichts wissen: Schon mit Che Guevaras Vorstellung von der »Tötungsmaschine« waren dem Antiimperialismus seine positiven Inhalte abhandengekommen. Die Entleerung des Antiimperialismus begann hier.

Als der ehemalige Hoffnungsträger vieler antiimperialistischer Linker, Venezuelas Präsident Hugo Chávez, 2009 seinem iranischen Amtskollegen Mahmud Ahmadineschād zu dessen umstrittenem Wahlsieg gratulierte, war das nicht nur eine diplomatische Geste oder ein höfliches Zugeständnis für einen Partner im gemeinsamen Ölgeschäft. Chavez nannte die bolivianische Revolution in Venezuela und die iranische Revolution emphatisch »Brüder« und bezeichnete die Demokratiebewegung, die sich im Iran gegen das Regime der islamistischen Diktatur richtete, als eine von außen gesteuerte Kampagne. Dass mit diesem Außen nur die USA gemeint sein konnten, wurde in den Reihen

9 Revolutionäre Zellen, *Gerd Albartus ist tot.* Dezember 1991.

der antiimperialistischen Linken sehr wohl verstanden. Der Kampf gegen den Imperialismus hat spätestens hier eine Form angenommen, die doppelt verkürzt ist: Er reduziert den Imperialismus erstens in der Tradition Che Guevaras auf die Vereinigten Staaten und streicht zweitens jegliches inhaltliches Kriterium für antiimperialistische Allianzen aus. Dass Tausende von Linken der iranischen Revolution zum Opfer gefallen waren, dass individuelle Freiheiten auch unter Ahmadineschād nicht existierten, dass Homosexuelle öffentlich hingerichtet werden und Frauen um ihr Leben fürchten müssen, sobald sie die engen Moralvorstellungen der Herrschenden überschreiten, all das spielt für den Antiimperialismus keine Rolle mehr.

Auch nach dem Massaker der Hamas vom 7. Oktober 2023 ist dieser entleerte Antiimperialismus wieder vermehrt anzutreffen, und zwar nicht nur in staatspolitischen und aktivistischen, sondern auch in theoretischen Diskursen. So meint etwa die dekolonialistische Theoretikerin und Aktivistin Françoise Vergès, die propalästinensischen Proteste gegen den Krieg in Gaza setzten die internationalistische Tradition fort. Für Vergès ist auch die Bewegung für den Boykott Israels, »Boycott, Divestment, Sanctions« (BDS), Teil jener Bewegungen, die in den letzten Jahren gegen Imperialismus und Neoliberalismus entstanden sind und mobilgemacht haben, namentlich Black Lives Matter, queere und indigene Bewegungen.[10] Sie verliert

dabei allerdings kein kritisches Wort zum Antisemitismus, weder bei den propalästinensischen Protesten noch auf Seiten der Hamas. Auch zu den frappanten Gegensätzen zwischen islamistischen und queeren Anliegen schweigt sie.

Die antiisraelischen Proteste in den Antiimperialismus einzuordnen, streicht die Ebene der Akteure völlig aus und leugnet letztlich den antiemanzipatorischen, patriarchalen, religiösen und protofaschistischen Charakter von Organisationen wie Hamas und Hisbollah. Frühere antiimperialistische Solidaritäten richteten sich hingegen noch an emanzipatorische Kräfte, zu denen Hamas und Hisbollah nach keinerlei geltenden Kriterien gerechnet werden können. Auch die langjährige internationalistische Solidarität mit Palästina bezog sich auf antiimperialistische Akteure mit linkem Selbstverständnis, also Organisationen wie die Palästinensische Befreiungsorganisation (PLO), die Volksfront zur Befreiung Palästinas (PFLP) und deren Abspaltung, die Demokratische Front zur Befreiung Palästinas (DFLP).[11]

Wobei auch bei dieser internationalistischen Solidarität der Antisemitismus entweder ausgeklammert oder gar übernommen wurde. Wie Vergès hat auch Judith Butler die Hamas in die Tradition des Antiimperialismus einzuordnen versucht und sie als »Widerstandsbewegung« rubriziert – und damit aufgewertet, ist doch der Begriff des Widerstands in der Linken stark positiv konnotiert. Damit rekurriert auch sie weniger auf die inhaltliche Ausrichtung der Organisation, die sich selbst gar nicht

---

10 *Françoise Vergès: »La liberación de Palestina sería una verdadera sacudida para el mundo«.* Interview von Sarah Babiker. In: *El Salto* vom 15. Mai 2024 (elsaltodiario.com/palestina/francoise-verges-liberacion-palestina-seria-una-verdadera-sacudida-mundo).

11 Vgl. dazu ausführlich Thomas Schmidinger, *Die Linke in Palästina. Eine Einführung.* Wien: Mandelbaum 2024.

als antiimperialistisch, sondern als eine dschihadistische, islamistische Gruppe begreift. Auch wenn antiimperialistische Kämpfer aus den Reihen der DFLP und der PFLP sich am Massaker vom 7. Oktober 2023 beteiligt hatten, macht das die Hamas noch nicht antiimperialistisch. Der (vermeintliche) Antiimperialismus ist auch hier leer, er ergibt sich allein aus dem Kampf gegen den Gegner, den (vermeintlichen) Repräsentanten des (US)Imperialismus: Israel.

Während von Antiimperialisten Israel als faschistischer Staat interpretiert wurde (und wird), knüpfen auch dekolonialistische Theoretiker an diese Tradition an. So beschreibt der Soziologe Ramón Grosfoguel Israel als »kolonial-rassistischen« Staat und setzt seine politischen Hoffnungen auf die »Achse des Widerstands« aus iranischen, palästinensischen, libanesischen und jemenitischen Islamisten, die Israel zerstören sollen.[12] Während die extrem

patriarchale, autoritäre und antisemitische Haltung sonst häufig bloß hingenommen oder verschwiegen wird, feiert Grosfoguel sie sogar ab.

Mit der Hinnahme und dem Abfeiern des Islamismus ist die Utopie von Freiheit und Gleichheit endgültig aus dem Antiimperialismus gewichen, die Verknüpfung von Antiimperialismus und emanzipatorischen Inhalten und Praktiken wird durchtrennt. Diese Gleichgültigkeit gegenüber den Inhalten und die Irrelevanz von Emanzipation als Kriterium ist Teil des Scheiterns des antiimperialistischen Internationalismus.[13]

12 Vgl. Jens Kastner, *Historische Verrenkungen. Ramón Grosfoguel und die Delegitimierung Israels im Postkolonialismus*. In: *Jungle World* vom 21. März 2024 (jungle.world/artikel/2024/12/ ramon-grosfoguel-judith-butler-delegitimierung-israels-historische-verrenkungen).

13 Man hat zu Recht kritisiert, wie wenig Empathie Teile der Linken für die Opfer der Hamas-Attacke aufbrachten. Nicht weniger zu Recht haben antiimperialistische Gruppen und Akteure manchen ihrer Kritiker Empathielosigkeit in Bezug auf die Opfer des Krieges in Gaza vorgeworfen. Allerdings kann das keine Rechtfertigung für das Verschweigen des antisemitischen, patriarchalen und reaktionären Charakters von Organisationen wie Hamas und Hisbollah sein.

Eine Armada aus Adjektiven

Von Anke Stelling

Wochentage wegen einzelner Identitätsmerkmale zu verdammen, ist dumm und kommt nicht infrage. Was kann der Sonntag dafür, dass Rewe an ihm geschlossen bleibt? Ich will gern mehr in ihm sehen als sein Klischee, ihn für das mögen, was ihm an sich selbst am besten gefällt. Seine relative Ruhe? Kunststück, so als Feiertag, an dem Rewe und der Rest des Einzelhandels geschlossen bleiben, er hat keinerlei Privilegienbewusstsein, der Vollidiot. Warum muss ich ihn überhaupt mögen? Es reicht, ihn zu tolerieren, seine Daseinsberechtigung nicht grundsätzlich infrage zu stellen, er kann andere Fans und Freundinnen finden.

Aber das ist so eine Macke von mir: alle gernhaben, damit die Welt schön ist, Zwietracht unterpflügen und gutgelaunt zum Trost- und Torteessen einladen. *Komm, setz dich, ich tu dir was auf.*

»Unbewusst angstgetrieben«, sagt meine Therapeutin, »vermutlich frühkindliche Erfahrung ständiger Zuständigkeit.«

Ich komm' mir jetzt schon blöd vor dabei, das immerhin ist erreicht.

In der Klinik mochte ich die gleichaltrigen Frauen, die im Kreis der Gruppentherapie behauptet haben, ihre fast erwachsenen Kinder und längst erwachsenen Ehemänner kämen ohne ihre Betreuung nicht aus, am allerwenigsten.

Ihr jämmerlichen Klammeraffen, dachte ich, *seid in Wahrheit Fluchtgründe, und genau das hat euch hierher gebracht.*

Hat auch mich dorthin gebracht sowie dazu, die mir Ähnlichsten im Kreis zu verachten.

Aber wie damit aufhören?

»Selbstliebe und Selbstfürsorge, das Außen ausblenden, dem System ein Schnippchen schlagen. Packen Sie es symbolisch in einen Karton und stellen Sie's einfach mal weg.« Hat sie tatsächlich so gesagt, die Gestalttherapeutin im Stuhlkreis.

Ich packe also das Patriarchat in einen Koffer und wuchte ihn auf den Hängeboden. Lege mich im Wohnzimmer auf die Matte und atme im Viereck, ganz so, wie ich es gelernt habe, um auf kürzestem Weg zu mir selbst zu kommen. Denke, dass, wenn Montag wäre, ich rasch zu Rewe gehen und Dillhappen kaufen könnte, mein allerliebstes Trostessen, mit Weißbrotbrocken direkt aus dem Plastikbecher gegessen, leerer Becher in den Gelben Sack. Selbstliebe für Abwaschmüde, aber was ist mit den Müllbergen, und außerdem ist ja auch nicht Montag, und ich bin schon wieder aus dem Takt. Loslassen, loslassen, loslassen. Voller Verachtung die Selbstverachtung überwinden und mich stattdessen dafür feiern, dass ich bin, wie ich bin. Vergrübelt, verkrampft und verdrossen, zynisch, ewig zuständig, angstgetrieben Torte backend und der absoluten Überzeugung, dass ein Geschenk nicht nur ausgesucht, sondern auch eingewickelt gehört, bevor es überreicht wird. Dass ein warmes Essen doch noch besser ist als kalte Benzoesäure direkt aus dem Becher.

Zuletzt hab' ich eine Biskuit-Roulade gemacht. Das ist ganz einfach: Eier ordentlich trennen, aufschlagen, Mehl unterheben, Teig aufs Blech streichen und nach dem Backen auf ein gezuckertes Geschirrtuch stürzen und aufrollen, auskühlen lassen und derweil zur Präsentation der KZ-Schreibworkshop-Ergebnisse nach Kreuzberg fahren. Dort die wegen des sogenannten WELT-Wirtschaftsgipfels gesperrte Axel-Springer-Straße umrunden, kurz *FCK NZS!* rüberrufen und dann zwei Stunden dasitzen und sehen, dass Gedenken die Darstellung lähmt, denken, dass die Sichtbarmachung der Lähmung nicht ausreicht, nein, da muss noch mehr drin sein, mehr Traute, damit das da draußen nicht wieder in Faschismus gipfelt, doch wer bin ich. Die Biskuit backende, sich selbst liebende Schreiblehrerin. Also zurück auf den Berg, wo Ameisen inzwischen die Arbeitsfläche erobert haben und dabei sind, Zuckerkristalle wegzuschaffen, viele sind sie und emsig, effizient und organisiert, immer mehr Adjektive fallen der Schreiblehrerin zu ihnen ein, klein, schwarz und schnell, widerstandsfähig, wendig, wutbürgerhaft, sobald ich sie aus der Roulade schnippse und sie kurz die Orientierung verlieren, aber schon rennen sie wieder los und finden den nächsten Krümel. Ich hab' nichts gegen sie, kann gut und gerne meine Küche mit ihnen teilen, nur nicht die Roulade, die wird mit Sahne und Ananas gefüllt und kaltgestellt.

Ich will noch mehr kaltstellen. Kaltstellen, aussortieren, abschaffen – schaff' ich aber nicht. Selbst Peter Schilling, gegen den ich an dieser Stelle letztens ein wenig gerantet habe, tut mir inzwischen leid, ich hab' gelesen, er war Heimkind, also schon genug kaltgestellt, bevor er seinen Hit platziert hat, und auch mein Schwiegervater hatte es nicht leicht in seiner Jugend, soll also weiterhin an meinem Tisch sitzen und Torte in sich reinstopfen – noch bevor danke gesagt und den anderen aufgetan ist –, er weiß es nicht besser, und mir tut's nicht weh.
Außerdem hab' ich den Staubsauger repariert. War nur verstopft an ungünstiger Stelle; mit der Fleischgabel bin ich rein ins Rohr und hab' Dreck rausgeholt. Wetten, sie hat's genossen? Mit ihren fünfzehn

Zentimeter langen Zinken war sie genau die Richtige und seit Langem mal wieder in Benutzung. Besser die Zinken im haarig Verknäulten, als auf ewig im Dunkeln in der Lade zu liegen in meinem bratenlosen Haushalt, ich werd' ihr das jetzt öfter gönnen, vielleicht die Biskuit-Roulade mit ihr festhalten beim Anschneiden, sie selbstbewusst den Gästen zeigen, *Seht her, das ist Gabi, die Gabel, die gehört auch zu uns.*

Unbenutzt. Haarig. Gabi.

Braten. Zinken. Rohr.

Die Schreiblehrerin verlangt eine Reizwortgeschichte: Lasst eurer Fantasie freien Lauf, aber glaubt nicht, dass eure Fantasie die eure ist.

Dilek sagt, sie will nie wieder das Wort *Ottolenghi* hören.

»Das ist kein Wort, das ist ein Name. Pass auf, dass du nicht noch falsch verstanden wirst. Außerdem bist du bloß neidisch, willst, dass zum Linsensalat auf der Party gefragt wird: ›Ist das Güngör?‹ Schreib halt selber mal ein Kochbuch und verkauf's millionenfach.«

Yotams Sidekick heißt Cornelia Stäubli. Wird in der *NZZ* mit dem Satz zitiert: *Man kann auch mütterlich ein Unternehmen führen, ohne Mutter zu sein.* Besser sogar, schätze ich, nein: bin ich sicher, will aber nicht falsch verstanden werden. Das Risiko schieb' ich auf Dilek ab. Ich bin bescheiden, mir passieren die Dinge eher aus Versehen, ich schätze, statt Bescheid zu wissen, rudere zurück. Will mich nicht unbeliebt machen, lieber für süß als für spicy gelten: »Ist das Anke Stelling?« – »Nein, die ist eigentlich ganz nett.« Deutlich netter, als man meinen würde, muss nicht verachtet, kann serviert werden.

Der Merkur im Internet: Aktuelle Interventionen und Kommentare, Reaktionen auf Texte in der Druckausgabe, Blicke ins Archiv, Hinweise zu Tagungen und Links zu lesenswerten Artikeln und Essays online, zu finden unter:

www.merkur-zeitschrift.de/blog/

Demnächst:

Ernst Mujkic
Anima migrante

Robin Detje
Eine Reise

Jann Maatz
(V)Erträumte Rechtssubjekte